Marian Sommer

Dein
Leben im
Flow

SPORT, KARRIERE, GESUNDES LEBEN,
PERSÖNLICHE ZIELE.

WIE DU DEINE ERFOLGSWELLE STARTEST.

Impressum

© Copyright: 2024
MARISO AKADEMIE
Marian Sommer
Leo-Tolstoj-Str. 17K
60437 Frankfurt am Main

Bibliografische Information der Deutschen Nationalbibliothek: Die Deutsche Nationalbibliothek verzeichnet diese Publikation in der Deutschen Nationalbibliografie; detaillierte bibliografische Daten sind im Internet über
http://dnb.d-nb.de abrufbar.

Herstellung und Verlag: BoD – Books on Demand, Norderstedt
ISBN: 9783758364693

Inhalt

Motivation

Kennst du das? Wenn du in eine Tätigkeit nicht nur vertieft bist, sondern richtig in ihr aufgehst? Aus Stunden werden gefühlt Minuten. Kein Hunger oder Durst kommt auf. Dein Kopf arbeitet mühelos und entwirft ständig neue Ideen. Tausend Gedanken schießen durch deinen Kopf, deine Produktivität ist auf dem Höhepunkt. Vielleicht erlebst du Glücksgefühle, dabei oder auch danach, weil du so viel schaffst oder geschafft hast. Du bist, beziehungsweise warst, im Flow.

Doch Flow kann mehr sein als ein paar schöne Stunden voller Glückseligkeit. Flow kann auch über Tage, wenn nicht sogar Monate oder Jahre hinweg bei einer Tätigkeit anhalten und dich durch das Leben schweben lassen.

Keine Angst, ich bin weder Philosoph noch Esoteriker. Ich bin auch kein Wissenschaftler. Ich habe niemandem Kabel an den Kopf geklemmt, um herauszufinden, wie Flow-Erlebnisse wirken oder entstehen. Ich bin Börsianer und schreibe in der Regel Bücher über dieses Thema. Ich bin kein Psychologe, und das muss ich auch nicht sein, da ich auf Dinge achte, die im Leben nicht so naheliegend oder offensichtlich sind, auf die kleinen Details unseres Verhaltens, aber auch die großen Zusammenhänge, die ebenfalls niemand hinterfragt.

Ich habe es geschafft, innerhalb von 12 Monaten (trotz Vollzeitjob, Vorstandsarbeit in einem Verein, Kinderbetreuung, Hobbys, Urlauben und immer ausreichend Schlaf in der Nacht) drei Bücher zu schreiben und mindestens 25 Bücher zu lesen. Da kam mir die Idee, das vierte Buch darüber zu schreiben, warum mir das gelungen ist, ich dabei Spaß hatte und nie vor dem Burnout stand. Es hat etwas mit Flow zu tun.

Ich fragte mich außerdem, warum ich beim Joggen Flow-Erlebnisse habe, warum meine Lieblingsfußballmannschaft wochenlang gewinnt und dann plötzlich wieder im Leistungstief ist. Wieso scheitern Abnehmversuche bei vielen Menschen, nachdem sie wochenlang gut funktioniert haben? Warum fliegt manchen Leuten alles zu, während andere permanent scheitern?

Ich wollte wissen, ob das auch etwas mit dem Flow-Zustand zu tun hat. Dafür habe ich nicht studiert, aber viel gelesen, beobachtet, kritisch hinterfragt und stets Zusammenhänge gesucht – ohne den Druck, alles beweisen zu müssen. Ich trage hier keine wissenschaftlich fundierte Doktorarbeit vor, und dennoch habe ich, bevor ich dieses Buch geschrieben habe, alles zum Thema Flow aufgesaugt, was ich finden konnte: Bücher, Abschlussarbeiten, Videos, Podcasts, Seminare, Beobachtungen an mir selbst oder an anderen. Wenn es darum geht, Flow über Monate oder gar Jahre zu erleben, so werde ich mich mit diesem Buch auf Neuland wagen. Ich bin als Autor völlig frei und muss nicht alles beweisen. Wenn du aber in diesem Werk Aha-Effekte erlebst und innerlich sagst: „das stimmt", dann wird es dir selbst als Beweis genügen. Zusätzlich zeige ich dir, wo immer es möglich ist, Beispiele aus dem wahren Leben auf, die meine Thesen untermauern.

Es wird in diesem Werk Einschübe geben, welche die Überschrift „Übrigens" haben. Hier wird es um Dinge gehen, die dir weitere Hintergründe, Auflockerungen, Anwendungen, Lifehacks, Fun Facts oder Anekdoten mit auf den Weg geben.

Ich bin mir der Tatsachen bewusst, dass viele Sachbücher nicht zu Ende gelesen werden und nur fünf Prozent des Inhalts langfristig behalten wird. Das vorliegende Buch habe ich deshalb so gestaltet, dass die Kapitel nicht nur aufeinander aufbauen wie bei einem Roman, sondern spannender werden und am Ende in immer mehr Aha-Effekten münden.

Ich selbst habe in meinem Leben bereits unzählige Bücher gelesen, und keines davon kann ich zu 100 Prozent inhaltlich wiedergeben. Dennoch haben manche Bücher mein Denken nachhaltig positiv verändert. Wenn man sich die richtigen 10 Prozent aus einem Buch merkt oder zumindest die Grundaussagen verstanden und verinnerlicht hat, kann das für den Erfolg bereits ausreichen. Dann kann ein Buch sogar prägen oder zum Gamechanger (deutsch: Spielveränderer) werden. Ich liebe Gamechanger und habe mit diesem Buch möglicherweise einen für dich geschrieben.

Ich habe mich dazu entschieden, dich als Leser zu duzen, da dieses Buch kein Bericht über Flow werden, sondern dich coachen soll. Siezen erzeugt Distanz, deshalb wird in Coachings fast immer geduzt, um einen stärkeren Lerneffekt zu erzielen.

Flow entsteht bei jedem Menschen etwas anders, so viel kann ich dir vorab verraten. Du wirst jedoch beim Lesen herausfinden, was genau auf dich zutrifft, und genau das sind die Punkte, die du aus dem Buch mitnehmen sollst. Die Grundaussagen werde ich zum Ende hin immer mehr mit Leben füllen, damit du sie nicht vergisst.

Solltest du während des Lesens die Umwelt vergessen, plötzlich aufstehen und voller Gedanken über das Thema Flow auf und ab tigern, vielleicht Freude empfinden, dann hast du möglicherweise ein Flow-Erlebnis.

Ich zeige dir, an welchen Stellen Flow möglich ist, wie er entsteht und was ihn verhindert. Du bekommst von mir das nötige Werkzeug an die Hand, um Dinge mit der Flow-Methode anzugehen, außerdem Tipps und Tricks sowie Wege, um dein Leben erfolgreicher und unbeschwerter zu gestalten.

Ich bin nicht der Erste, der ein Buch über Flow schreibt, doch ich bin der Erste, der zeigt, dass es Flow nicht nur für ein paar Stunden, sondern teilweise Jahre geben kann.

Mach dich bereit für eine Bewusstseinserweiterung und mehr Flow in deinem Leben!

Die unterschiedlichen Flow-Arten

Ich habe bisher noch nie etwas von einer Unterteilung in unterschiedliche Flow-Längen gehört. Die zeitliche Einteilung ist mir in den Sinn gekommen, als ich gemerkt habe, dass es Gemeinsamkeiten zwischen dem eigentlichen und berühmten Flow (der kurze Flow) und dem größeren Flow, welcher eher als „Erfolgswelle" bekannt ist, gibt. Gemeinsamkeiten bei der Entstehung, bei dem Erlebnis an sich und auch hinsichtlich dem, was ihn verhindern oder beenden kann.

Ich weiß nicht, ob du Sportler oder Antisportler bist. Vielleicht ist dein liebstes Hobby stricken, nähen, töpfern, musizieren, angeln, reiten, wandern oder basteln. Du arbeitest eventuell mit körperlichem Einsatz, in einem geistig fordernden Beruf, arbeitest überhaupt nicht, studierst oder gehst zur Schule. Ich werde deshalb Beispiele quer durch die Gesellschaft aufzeigen, damit jeder sich darin wiederfinden kann und vom eigenen Erleben möglicherweise schon Flow-Erlebnisse kennt.

Du befürchtest, dass du noch nie ein Flow-Erlebnis hattest? Das glaube ich nicht, denn du warst mal ein Kind. Kinder sind permanent im Flow, vor allem wenn sie jünger sind. Warum das so ist, das finden wir später gemeinsam heraus. Schauen wir uns doch zuerst den kleinen Flow an, den du bestimmt kennst.

Kleiner Flow

Der kleine Flow wurde bereits in der Wissenschaft untersucht und hat einen namhaften Vertreter, den Glücksforscher Mihály

Csikszentmihalyi. Ich habe mir dessen Forschungen und Ergebnisse angeschaut, und einiges davon findet sich auch in diesem Buch wieder. Das völlige Aufgehen in einer Tätigkeit definiert er als Flow, und das ist auch häufig in der Literatur die übliche Beschreibung.

Ich persönlich würde nicht vom völligen Aufgehen sprechen, eher von einer angenehm empfundenen Leichtigkeit, die noch dazu sehr produktiv ist. In dieser Leichtigkeit kann man selbstverständlich völlig aufgehen, aber es ist für ein Flow-Erlebnis nicht zwingend nötig.

Wenn ich eine längere Strecke Auto fahre und die Zeit plötzlich verfliegt, weil die Musik im Radio mir gefällt oder ich dort einer spannenden Diskussion folge – gehe ich in der eigentlichen Tätigkeit, dem Autofahren, wirklich völlig auf?

Wenn ich jogge, schwimme, wandere, rudere, und plötzlich geht alles leicht und es macht mich glücklich, dann verweile ich mit Leichtigkeit in meiner Tätigkeit, aber ich gehe nicht unbedingt immer darin auf.

Ganz anders sieht es bei Flow-Tätigkeiten im kreativen Bereich aus: malen, musizieren, dichten oder schreiben. Wenn die eigene Kreativität sich plötzlich in ihrer Topform zeigt, dann gehen wir darin auf.

Wenn jemand eine Rede vor großem Publikum halten soll und Lampenfieber hat, viele Künstler kennen das, dann verschwindet diese, wenn der Anfang gelingt, und der Vortragende kann über sich hinauswachsen. Er geht tatsächlich in seiner Tätigkeit auf.

Häufig ist von voller Konzentration im Flow die Rede. Das ist auch richtig, doch was eher unbekannt ist, ist der plötzlich auftretende siebte Sinn.

Es gibt beim Pokern einen Begriff, der sich „Rush" nennt. Ein Spieler im Rush befindet sich nicht nur in einer Phase, in der er hintereinander häufig gewinnt, das könnte einfach nur Glück sein. Nein, er erkennt jeden Bluff, und noch unheimlicher – er hat ein super Blatt auf der Hand, spürt aber, dass sein Gegner noch bessere

Karten hat, und wirft die eigenen weg. Der Spieler befindet sich im Poker-Flow, wächst über sich hinaus und zeigt einen siebten Sinn.

Auch beim Autofahren kann das passieren. Es gibt Menschen, die Gefahrensituationen rechtzeitig spüren, wenn sie im Flow sind. Sind sie gestresst oder überfordert, haben sie diesen siebten Sinn in der Regel nicht.

Produktivität mit überraschend positivem Output kennzeichnet ebenfalls den Flow.

Beim Programmieren ist es der „Hack Mode", der den Programmierer im Flow die besten Programmiercodes entwickeln lässt.

Weitere Beispiele für den kurzen Flow können Gartenarbeit, Tanz, ja sogar Sex sein. All das sind Dinge, die manche Menschen immer überfordern und die andere wiederum lieben. Aber es sind Dinge, die besonders viel Spaß machen, wenn die mentale Stimmung dafür da ist – nämlich der Flow-Zustand.

Der kurze Flow dauert mindestens 10-15 Minuten, wenn er nicht vorher durch etwas Externes unterbrochen wird oder die Tätigkeit nicht lang genug ist. Wenn ich jogge und mein Ziel schon nach 400 Metern erreicht ist, werde ich kein Flow-Erlebnis haben.

Der kurze Flow kann über mehrere Stunden hinweg anhalten. Er stoppt, wenn ich am Ziel meiner Tätigkeit angekommen bin oder es zu einer externen Unterbrechung kommt.

Was ich hier als extern bezeichne, ist nichts anderes als etwas Flow-Verhinderndes, doch dazu später mehr.

Flow kann auch über Tage andauern, auch wenn er in diesem Zeitraum nicht zu jeder Tageszeit und in jeder Minute präsent ist.

Mittlerer Flow

Der mittlere Flow erstreckt sich über mindestens einen ganzen Tag und kann bis zu wenigen Wochen anhalten. Den großen Flow, zu dem ich noch kommen werde, vergleiche ich gerne mit einer Erfolgswelle. Zum mittleren Flow fällt mir Euphorie als häufig treffend ein.

Die Übernahme von Verantwortung kann beispielsweise in einer ersten Euphorie münden, in der wir uns auf kaum etwas anderes konzentrieren und Freude empfinden. Irgendwann wird Routine daraus, die erste Euphorie ebbt ab, oder es kommt Langeweile auf. Dann endet der mittlere Flow.

Beispiele können eine Beförderung, eine neue Aufgabe im Job, im Verein oder die Geburt eines Kindes sein. Selten gibt es hier eine Art Flow, der Jahre andauert. Aber am Anfang ist alles spannend und aufregend.

Die Befreiung aus einem unglücklichen Lebensereignis wie Trauer, Jobverlust oder Trennung kann so ein Gefühl auslösen wie: „Oh, es gibt ja doch noch einen Morgen" oder „Es muss weitergehen". Dieses Gefühl ist nicht mit Glück verbunden, aber mit mehr Leichtigkeit, die direkt nach dem Unglück nicht da ist.

Wenn wir es schaffen, den kleinen Flow auszulösen, dann könnten die Auslöser vielleicht auch einen mittleren oder großen Flow entzünden. Wenn Flow nicht nur eine kurzzeitige Konzentration mit Freude auslöst, sondern sich auch nach Schockmomenten wie dem Tod geliebter Menschen entwickeln kann und uns wieder produktiv werden lässt, dann zeigt das, dass es Flow nicht nur kurzfristig gibt. Du hast es bestimmt schon gesehen oder gar selbst erlebt: Nach Schockerlebnissen, wie dem Tod eines geliebten Menschen, kommen verschiedene Phasen, und am Ende steht die Akzeptanz, worauf häufig eine Welle der Konzentration folgt. Das Zimmer eines Verstorbenen wird aus einem inneren Antrieb heraus ausgeräumt, die Wohnung manchmal gewechselt und so weiter.

Suchen wir weitere Beispiele: Die Planung eines bevorstehenden Umzugs, einer Hochzeit oder eines Geburtstages kann uns viele Tage und Wochen lang in Vorfreude oder Euphorie versetzen.

Ein Computerspiel kann uns über Wochen hinweg faszinieren, über Monate jedoch eher selten.

Die Intensität des Flow-Erlebnisses (Glück, Leichtigkeit) ist beim mittleren Flow nicht so stark wie beim kleinen Flow, denn das Maximum an Flow-Gefühlen erleben wir im kurzfristigen Bereich.

Das Maximum an Output, also das, was unser Leben vielleicht tiefgreifend verändert, erreichen wir im großen Flow.

Großer Flow

Der große Flow erstreckt sich mindestens über zwei Wochen, ist meistens mehrere Monate lang und kann im Idealfall Jahre dauern. Oft wird er als Erfolgswelle bezeichnet, denn um ihn als Glückssträhne abzutun, ist er meistens zu lang.

Die Intensität des Glücksgefühls ist, auf den Augenblick gesehen, gering. Das Gefühl entsteht häufig in der Rückschau auf das Erreichte.

Wer sich für Mannschaftssport interessiert, kann dies sehr gut nachvollziehen. Die eigene Mannschaft oder der unterstützte Lieblingsverein gewinnt Spiel für Spiel, alles funktioniert wunderbar und die Spieler wachsen über sich hinaus. Doch plötzlich ist es vorbei. Nichts geht mehr und der Abstieg droht; eine Art negativer Flow entsteht.

Dann wird der Trainer getauscht, härter trainiert, Spieler gewechselt, und so weiter. Manchmal hilft das, wenn vielleicht auch nur für eine gewisse Zeit.

Bleiben wir beim Sport. Ich habe jahrelang in einem Fitnessstudio trainiert und konnte Folgendes beobachten: Viele Frauen meldeten sich an, kamen häufig viermal die Woche, powerten sich aus und verschwanden nach wenigen Wochen wieder. Einige blieben aber über Jahre hinweg.

Bei Männern gab es das auch, war jedoch häufig etwas anders. Die kamen auch und gingen, allerdings blieben sie in der Regel mehrere Monate. Warum das bei Frauen und Männern hinsichtlich der Dauer so unterschiedlich ist und wer am Ende wahrscheinlicher für Jahre bleibt, versuchen wir später herauszufinden.

Verlassen wir den Sport, bleiben aber bei körperlichen Erlebnissen, die eine längere Zeit andauern.

Da wären diverse Abnehmversuche, die bei nicht wenigen zwar schon nach einigen Tagen scheitern, aber manchmal doch über Monate hinweg erfolgreich sein können. Wieso funktioniert es manchmal über einen längeren Zeitraum, häufig aber eben nicht? Das gleiche Phänomen gilt für gesunde Ernährung: Manche schaffen es ihr ganzes Leben lang, sich gesund zu ernähren, doch bei vielen bleibt es leider nur eine Phase.

Gehen wir zum beruflichen über, speziell zum Arbeitgeberwechsel. Wer eine neue Herausforderung sucht und diese auch findet, wird in den ersten zwei Arbeitswochen ausschließlich damit beschäftigt sein, sich zu orientieren. Ist diese Phase vorbei, startet häufig die schönste Zeit. Alles Wissen wird aufgesogen, alles ist spannend, alle Kollegen sind nett. Das kann Monate, wenn nicht Jahre so gehen, bevor das große Flow-Gefühl verschwindet. Kein Beispiel verdeutlicht so sehr meinen skizzierten Zeitrahmen für den großen Flow wie der Jobwechsel.

Es muss nicht zwingend ein Jobwechsel sein. Wir sehen Menschen im Flow-Modus die Karriereleiter in hoher Geschwindigkeit erklimmen. Alles fliegt ihnen zu – beziehungsweise sie fliegen über alle Hindernisse hinweg.

Werden wir privat und wenden uns der Verliebtheitsphase in einer Partnerschaft zu. Frisch verliebt und mit Schmetterlingen im Bauch gelingt auch der Rest des Lebens um einen herum. Dieser Zustand ist glücklicherweise nicht schon nach wenigen Stunden vorbei, allerdings hält er in gleichbleibender Intensität selten über Jahre an.

Manche Menschen nehmen sich vor, sparsamer zu sein, andere wollen ordentlicher werden. Mehr Zeit mit den Kindern, häufigeres Treffen mit Freunden.

Die Einhaltung dieser Vorsätze macht sogar Spaß, und dennoch hält es nur für kurze Zeit an. Dann sind wir maximal im mittleren

Flow.

Ich werde in den späteren Kapiteln selten auf den mittleren Flow eingehen. Er ist im Grunde genommen ein gestarteter großer Flow, der schnell abbricht. Viele Menschen wollen für wenige Stunden im Flow eine Tätigkeit genießen und erledigen. Auch ein größeres Ziel konzentriert und motiviert zu erreichen, ist ein nachvollziehbares Bedürfnis. Niemand hat aktiv vor, einen Vorsatz bereits nach wenigen Tagen zu brechen. Ich konzentriere mich deshalb auf den kleinen und großen Flow, möchte aber zunächst darauf eingehen, dass es auch negative Varianten geben kann.

Negativer Flow

Eine Welle des Misserfolgs wollen wir alle vermeiden, so viel ist klar. Doch es kann Dinge geben, die auf den ersten Blick positive Flow-Auswirkungen haben, uns oder der Gesellschaft am Ende aber dennoch schaden.

Computerspielen oder ein Serienmarathon im Fernsehen können einen Rausch verursachen, an dessen Ende viel Lebenszeit verbraucht und nur wenig Produktives entstanden ist. Würde jemand, der todkrank ist und nur noch kurze Zeit zu leben hat, stundenlang vor einem Bildschirm verbringen? Zeit ist ein kostbares Gut für todkranke Menschen, doch sie ist genauso wichtig für diejenigen, die produktiv sein wollen oder ihr notwendiges Tageswerk nicht schaffen.

Ein Beispiel für negativen großen Flow ist Krieg. Läuft ein Kriegsverlauf für eine Partei im großen Flow, so sind historisch immer wieder die gleichen Dinge passiert. Die finstersten menschlichen Eigenschaften sind dann zum Vorschein gekommen: Folter, Vergewaltigungen, Enteignung, Ausgrenzung, Größenwahn.

Weitere Beispiele sind an der Börse zu finden. Gier und Angst sind das Grundübel an den Finanzmärkten, und beide Eigenschaften sorgen für Spekulationsblasen und Crashs. Beides führt dazu, dass es an den Finanzmärkten zum größten Teil Verlierer gibt. Gewinner sind diejenigen, die sich von Gier und Angst nie in einen negativen Flow bringen lassen. Sie wechseln nicht ständig ihre Investitionsobjekte, sie behalten bei Panik die Ruhe und gewinnen ohne großen Aufwand.

Übermäßige Sparsamkeit kann auch in Form eines jahrelangen Flows ausgeprägt sein, vielleicht sogar ein Leben lang. Wenn der natürliche Tod immer näher kommt, wächst das Bedürfnis, das angesparte Vermögen auszugeben, sofern man es nicht vererben kann und jemand anderes es irgendwann verwerten wird. Doch ist das übermäßige Sparen ein positiver Flow? Es kann auch negativ gesehen werden.

Das Ende einer Beziehung, das Abdriften auf die schiefe Bahn, körperlicher Verfall – es gibt viele Dinge, die durch negativen Flow entstehen.

Wir behalten im Hinterkopf, dass alles Positive auch eine Bedeutung für das Negative haben kann.

Zusammenfassung

Flow ist bisher als zeitlich begrenzter Zustand bekannt, in dem mit voller Hingabe und Konzentration einer Tätigkeit nachgegangen wird. Der Zeitrahmen bewegt sich von 15 Minuten bis wenigen Stunden, in denen die Zeit verfliegt, Freude empfunden wird und häufig viel Kreativität im Spiel ist.

Dass Flow aber auch längerfristig auftreten kann, ist bisher eher als Erfolgswelle bekannt. Viele Bücher und Seminare versuchen mit unterschiedlichen Techniken eine Lebensverbesserung zu erreichen, doch genau genommen zielen sie auf einen großen Flow ab, der teilweise jahrelang gelingt.

Dieses Kapitel hat die unterschiedlichen Flow-Längen von klein, mittel bis groß beschrieben. Es hat auch die negativen Auswirkungen vom großen Flow aufgezeigt. Wir können nun mit den Begriffen kleiner, mittlerer und großer Flow etwas anfangen.

Die nächsten Kapitel beschäftigen sich mit der Entstehung des Flows, im Großen wie im Kleinen.

Beispiele für Flow

 **Kleiner Flow**: joggen, wandern, stricken, putzen, musizieren, Auto fahren, einen Vortrag halten.

 **Mittlerer Flow**: Verantwortung übernehmen, Trauerbewältigung, Umzug, Computerspiel, Hochzeitsplanung.

 **Großer Flow**: Abnehmen, Sport treiben, Siegesserie, Karriere machen, Verliebtheit.

Unterschiedliche Arten von Flow

Der Blick in und auf unseren Kopf

Wenn wir Flow auslösen wollen, müssen wir unter anderem verstehen, was in unserem Gehirn passiert. Später werden wir dieses Wissen auch verwenden, um unser Unterbewusstsein besser nutzen zu können, ein Booster für mehr Erfolg im Leben. Dafür sollten wir zunächst einmal wissen, was Gehirnwellen sind.

Unser Gehirn besteht aus Nervenzellen, die in Form von elektronischen Impulsen miteinander kommunizieren, die fortlaufend produziert werden. Diese Impulse sind Gehirnwellen, die in unterschiedlicher Intensität beziehungsweise verschiedenen Frequenzen auftreten.

Die Aktivität unseres Gehirns kann somit mittels Gehirnwellen gemessen werden. Die Maßeinheit dafür ist Hertz und drückt eine Frequenz aus. Die Frequenzregionen sind unterteilt in Theta, Delta, Alpha, Beta und Gamma. Wer diese Regionen und deren Macht nicht kennt, dem stelle ich sie gerne vor.

Mein erster Gamechanger in meinem Leben war kein Buch, sondern ein 4-tägiges Seminar mit dem Namen „Scanreading". Ziel war es, ein komplettes Buch innerhalb weniger Minuten mental, also unterbewusst lesen zu können. Unabhängig von dem Seminarzweck habe ich viel über richtiges Lernen und Gehirnwellen gelernt. Bevor ich dieses Seminar besucht habe, hatte ich 3 Jahre lang erfolglos studiert und war durch fast alle Prüfungen gefallen. Nach dem Seminar habe ich das Studium der Volkswirtschaftslehre begonnen, bin durch keine einzige Prüfung mehr gefallen und war sogar ein Semester schneller fertig, als die Regelstudienzeit es vorgab. Was genau in dem Seminar zum Gamechanger wurde, löse ich später noch auf. Die Gehirnwellen, soviel sei vorab verraten, spielten aber eine entscheidende Rolle.

Die einzelnen Gehirnwellen

Delta

Delta ist die niedrigste Frequenz und der Zustand des traumlosen Tiefschlafes. Hier erholt sich der Körper. In diesen Zustand gelangen wir häufig erst 1,5 Stunden nach dem Einschlafen. Wer permanent in der Nacht wach wird oder beispielsweise von einem Baby geweckt wird, erlebt diese Phase gar nicht und fühlt sich am nächsten Tag schlapp, selbst wenn er in Summe genügend Stunden geschlafen hat.

Deltawellen können aber auch im wachen Zustand am Tag auftreten – immer dann, wenn ein Instinkt in uns aufkommt, wenn wir beispielsweise spüren, dass uns jemand beobachtet, oder ahnen, was eine andere Person gleich sagen wird. Auch wenn wir den Schmerz eines anderen Menschen spüren, kann das durch Deltawellen ausgelöst worden sein.

Theta

Unser Unterbewusstsein und unsere Träume finden im Thetazustand statt. Hier befinden wir uns schnell nach dem Einschlafen und häufig auch vor dem natürlichen Aufwachen. Schlaf läuft in Zyklen ab, und wir wechseln in der Nacht mehrfach von Theta zu Delta. Wenn Babys einen Zyklus abschließen, sind sie oft wach, weshalb sie sich zum Leidwesen der Eltern mehrfach in der Nacht melden. Lernen die Babys, Ende und Anfang eines neuen Zyklus zu überwinden, schlafen sie durch.

Träume sind wichtig, um den Tag zu verarbeiten und Dinge aus dem Kurzzeitgedächtnis in das Langzeitgedächtnis wandern zu lassen.

Übrigens

Alkoholgenuss oder Stress führen dazu, dass wir beim Einschlafen im Thetamodus bleiben. Wir träumen viel, aber
erholen uns nicht, denn dazu brauchen wir Delta.

Wenn uns am Tage wie aus dem Nichts eine Idee oder Erkenntnis
kommt, hat sich eine Thetawelle ins Bewusstsein hervorgeschoben.
Es kann auch ein unerklärliches Gefühl von Angst sein. Die Thetawelle schiebt etwas aus dem Unterbewussten ins Bewusste. Wenn
wir eine starke Verbindung zwischen Unterbewusstsein und Bewusstsein erleben wollen, so brauchen wir dazu die Gehirnwellen,
die in uns eine Brücke schlagen – die Alphawellen.

Alpha

Der Alphazustand ist die Grenze von Unterbewusstsein und
Bewusstsein und wird mindestens zweimal am Tag erlebt: beim
Einschlafen und beim Aufwachen, also beim Wechsel zwischen
Bewusstsein und Unterbewusstsein.

Wenn du dich kurz nach dem Aufwachen noch an einen Traum
aus der Nacht erinnerst, befindest du dich im Alphazustand. Ist die
Erinnerung weg, bist du aus dem Alpha heraus. Außer du hältst
an dem Gedanken fest und sprichst ihn laut aus. Was du laut aus-
sprichst, kannst du dir länger merken.

Wenn du abends kurz vor dem Einschlafen bist, kann es passieren, dass du dich an den Traum vom Vorabend erinnern kannst,
und zwar in voller Länge. Noch bevor du dir darüber jedoch wirklich weiter Gedanken machen kannst, wirst du einschlafen.

Übrigens

Vokabeln oder Gedichte lernt man am besten abends im Bett, kurz vor dem Schlafengehen, denn dann sind die Chancen am höchsten, dass der Alphazustand sie ins Theta transferiert. Wenn das passiert, landen sie im Langzeitgedächtnis. Dann wachst du am nächsten Morgen auf und kannst das auswendig, was dir kurz vor dem Einschlafen noch nicht in den Kopf gehen wollte.

Der Alphazustand lässt sich auch durch meditative Techniken bewusst erreichen. Oft ist hier ein gewisses Training notwendig, aber es kann gelernt werden. Mentaltraining, Hypnose, Selbstheilung – all diese Techniken arbeiten mit Alpha.

Beta

Unser Bewusstsein befindet sich tagsüber zumeist im Betazustand. Hier konzentrieren wir uns und erleben Dinge, an die wir uns in einem späteren Betazustand leicht erinnern können. Unruhe, Angst und Stress halten uns im Betazustand. Deshalb können wir in diesen Situationen auch schlecht einschlafen. Wir schaffen es nicht in den Alphazustand.

Gamma

Die absolute Höchstleistung unseres Gehirns erleben wir im Gammazustand. Auch wenn Höchstleistung sich sehr gut anhört, ist das nicht Flow. Es ist vielmehr eine volle Konzentration infolge von Überlebensangst oder das Lösen einer sehr schwierigen Aufgabe. Evolutionstechnisch müssen wir hier vor dem Tiger fliehen. Das Ergebnis (oder der Output) eines Gammazustands kann das Gleiche sein wie beim Flow. Das Gefühl danach ist ein Erleichterungsgefühl, es geschafft oder überlebt zu haben, jedoch kein Glücksgefühl über die Freude des Handelns an sich, wie beim Flow.

Der Übergang von Alpha zu Theta

Eine kurze Anekdote an dieser Stelle: Edison, der Erfinder der Glühbirne, soll sich in einen bequemen Sessel gesetzt und dabei eine Kugel in der Hand gehalten haben. Fiel er in den Schlaf, entspannte sich alles und die Kugel fiel herunter. Dabei wurde er sofort wach und konnte sich noch daran erinnern, was er kurz vor dem Einschlafen gedacht hat.

Er provozierte den Alphazustand, und der Bereich, in dem das Gehirn am kreativsten ist, ging in den Thetazustand über und wurde durch den Fall der Kugel sofort rausgerissen. Er wanderte zwischen dem Bewusstsein (Alpha) und dem Unterbewusstsein (Theta) und holte aus seinem Gehirn das Maximum heraus.

Wer nicht nur das Bewusstsein, sondern das Unterbewusstsein kontrollieren kann, dem liegt die Welt zu Füßen, der kann einen großen Flow erleben.

Menschen versuchen mithilfe von Hypnose und Autosuggestion in ihr Unterbewusstsein vorzudringen und ihm zu vermitteln, dass Zigaretten doof oder sie selbstbewusste Menschen sind. Gelingt das, können sie mühelos schwierige Dinge im Leben meistern, denn das Unterbewusstsein wird sie unterstützen.

Übrigens

Die Unterbewusstseinsprogrammierung ist der Kern unzähliger Bücher, Videos oder Seminare. Für den Flow ist die Selbstprogrammierung unterstützend, aber nicht zwingend notwendig. Wer den kleinen Flow erlebt, hat selten im Vorfeld sein Unterbewusstsein dafür geschärft.

Mütter, die nachts aufwachen, wenn ihr Baby schreit, programmieren automatisch ihr Unterbewusstsein. Kurz bevor sie einschlafen, haben sie meistens das Baby in ihren Gedanken und formen in diesem Alphazustand ihre Alarmbereitschaft.

Wer weiß, dass er am nächsten Morgen nicht verschlafen darf, und vor dem Schlafengehen darüber nachdenkt, programmiert häufig einen inneren Wecker. Dieser meldet sich nicht selten von allein, und der eigentliche Weckeralarm wird gar nicht benötigt.

Edison hätte es gar nicht so kompliziert machen müssen. Er hätte nur Flow kennen und auslösen müssen.

Beim kleinen Flow befinden wir uns in einem Alphazustand mit Ausflügen ins Theta, nur mit dem angenehmen Effekt, dass wir nicht einschlafen und dieser Zustand sehr lange dauert. Wir zapfen dabei auch unser Unterbewusstsein an, weshalb uns spontan die tollsten Einfälle kommen. Wir können uns mit etwas Übung auch selbst in den Alpha-Zustand versetzen. Das wird beim Meditieren gemacht. Damit können Erlebnisse des Tages verarbeitet werden.

Typische Flow-Auslöser wie Wandern, Gartenarbeit oder handwerkliche Hobbies können uns helfen, ein unangenehmes Ereignis zu verarbeiten und schlechte Laune verschwinden lassen, weil wir uns dabei im Alphazustand befinden.

Es lohnt sich also, sich die Leistungen des Gehirns einmal näher anzuschauen.

Wer im Gamma ist, hat zwar die Konzentration, die man auch im Flow hat – es entsteht jedoch kein Glücksgefühl dabei und erst recht kein Bedürfnis, diesen Zustand möglichst lange aufrechtzuerhalten.

Beta ist unser normaler Tageszustand, jedoch ohne schöne Tagträume, denn die gibt es nur im Alpha.

Bewusstsein versus Unterbewusstsein

Unser Gehirn ist in der Lage, 126 bits (also Informationen) pro Sekunde bewusst zu verarbeiten. Diese Informationen dürfen in ihrer Art nicht zu verschieden sein. Um einem Gespräch zu folgen, werden von den 126 bits schon 40 verbraucht. Ich könnte somit maximal drei Gesprächen gleichzeitig folgen.

Ein Simultandolmetscher kann 40 bits für die Aufnahme der Sprache verwenden, 40 bits für die Übersetzung und den Rest für seine eigene sprachliche Wiedergabe.

Das erklärt auch, warum Dolmetscher in Kabinen abgeschottet sitzen. Wenn zu den 40 bits für die Aufnahme der Sprache noch Hintergrundgeräusche, Gerüche oder andere Eindrücke kommen, würden die 126 bits nicht ausreichen, um den eigentlichen Job zu machen.

Die Eindrücke, die die Kapazität von 126 bits überstrapazieren können, sind auf den ersten Blick nicht so naheliegend.

Geräusche und Gerüche sind offensichtlich, aber was ist mit Licht, Farben, Temperatur, Hunger, Durst, Gedanken, Unordnung? Wir werden darauf später noch zurückkommen.

Ich habe bisher nur von der Aufnahmefähigkeit des Bewusstseins gesprochen. Die 126 bits sind nichts im Vergleich zum Unterbewusstsein. Unterbewusst können wir viele Millionen (!) Eindrücke wahrnehmen.

Gelingt es uns, eine neu erlernte Sprache in unser Unterbewusstsein zu schieben, übersetzen wir nicht mehr im Kopf. Wir können dann sogar zwei Gesprächen in einer Fremdsprache gleichzeitig folgen.

Wenn wir es schaffen, den Gedanken, vor dem Fernseher auf der Couch keine Chips mehr zu essen, in unserem Unterbewusstsein zu verankern, werden wir auch keinen Hunger bekommen, wenn wir den Bildschirm anschalten. Wir sind dann im großen Flow.

Viele Menschen müssen sich gar nichts ins Unterbewusstsein einprogrammieren, denn sie gehören einfach zu dem Typ Mensch der sich nicht mit Chips vor den Fernseher setzt, sondern sich gerne bewegt, weniger impulsiv reagiert und so weiter.

Funktionieren Suggestionen wirklich?

Mit Meditation, Hypnose oder Affirmationen versuchen Menschen, ihr Unterbewusstsein so zu programmieren, dass sie selbst unheilbare Krankheiten mittels Selbstheilung besiegen können. Sie suggerieren sich Reichtum, Glück, Liebe und so weiter. Wer sich Reichtum einredet, zieht Reichtum an. Wer Affirmationen über Liebesglück hört, findet seinen Traumpartner/in. Wer seinem Körper einimpft, gesund zu sein, überwindet Krankheiten. Doch funktioniert das wirklich?

Übrigens

Falls dir die Begriffe Affirmation und Suggestion nicht bekannt sind oder du vielleicht den Unterschied nicht kennst, kann ich hiermit aufklären. Bei einer Affirmation handelt es sich um einen positiven Glaubenssatz („Ich bin schön"), der einen gewünschten Zustand verstärken kann. Mit der Suggestion wird indes versucht, im Unterbewusstsein konkret etwas zu ändern („Ich möchte nicht mehr rauchen"). In negativer Richtung spricht man in diesem Fall von manipulieren. Wenn ein Raucher sich in der Trance die Affirmation „Ich bin Nichtraucher" verinnerlicht, so kann daraus eine Suggestion werden, wenn er dadurch zum Nichtraucher wird.

Einen praktischen Beweis dafür, welche Macht das Unterbewusstsein hat, wenn es programmiert wurde, kennen wir fast alle: die selektive Wahrnehmung. Planen wir den Kauf eines neuen Autos und haben ein bestimmtes im Visier, so werden wir auf der Straße dieses Modell permanent sehen. Haben wir in unserem Alltag mit Schwangerschaft zu tun, werden wir viele schwangere Frauen auf der Straße entdecken. Dafür sind keine Experimente notwendig, denn so etwas hat sicherlich jeder von uns schon einmal erlebt.

Wenn es uns gelingt, unserem Gehirn zu affirmieren, dass wir die Liebe unseres Lebens finden werden, und unser Unterbewusstsein es akzeptiert, so startet die selektive Wahrnehmung. Uns werden potenzielle Partner auffallen, die nicht nur uns gefallen, sondern die auch uns attraktiv finden. Wenn das Unterbewusstsein jetzt richtig gut mitspielt, müssen wir uns nicht überlegen, wie wir den Partner oder die Partnerin kennenlernen, denn es geschieht ganz automatisch.

Das Gleiche gilt für Reichtum. Ist dein Unterbewusstsein auf Geschäftssinn programmiert, so wirst du an jeder Ecke lukrative Geschäftsideen sehen, und nicht alle werden mit großen Investitionen verbunden sein. Warum kommen immer die gleichen Menschen auf so viele gute Ideen? Weil ihr Gehirn die Umwelt selektiv wahrnimmt.

Es gibt einige Menschen, die an Zufälle, Glück oder Pech nicht glauben. Es fällt dann häufig genau diesen Personen einfach alles Positive zu, weil ihr Unterbewusstsein sie hier möglicherweise unterstützt.

Doch die Unterbewusstseinsprogrammierung hat einen Haken: Unser bewusstes Denken ist sehr stark und ein mächtiger Gegenspieler. Insbesondere dann, wenn es um die Heilung schwerer Krankheiten geht, wird eine Programmierung zur Selbstheilung schwierig, denn unser Verstand weiß, was im Körper los ist. Somit lässt er Affirmationen oder Suggestionen für das Unterbewusstsein nicht so einfach zu. Gesundheitsaffirmation können deshalb mehr Sinn machen, wenn du gesund bist, denn dann wird sich der Verstand weniger gegen die Unterbewusstseinsprogrammierung wehren.

Nehmen wir ein Placebo ein, kann der bewusste Verstand umgangen werden. Gibt der Arzt dir eine Pille und versichert dir glaubhaft, dass in fünf Tagen auf jeden Fall die Heilung eintritt, so wirst du einige Nächte mit Vorfreude dein Unterbewusstsein programmieren. Anschließend erfolgt die Heilung, selbst wenn die Pille nur ein Placebo war.

Häufig wissen wir jedoch, dass es noch keine Pille gegen bestimmte Krankheiten gibt. Dann kann uns ein Arzt auch nicht glaubhaft ein Medikament verschreiben, das in wenigen Tagen auf jeden Fall seine Wirkung zeigen wird. Aus diesem Grunde kann mit Placebo nicht alles geheilt werden.

Affirmationen wirken besonders dann, wenn wir unserem

Wunschtraum bereits nähergekommen sind, also unser bewusstes Denken schon etwas oder gar vollständig überwunden wurde. Wenn wir später zur Erfolgswelle kommen, so haben wir hier ein Mittel, um sie zu verstärken oder zu verlängern, aber nicht unbedingt, um sie zu starten.

Wenn du Suggestionen oder Affirmationen für deine Gesundheit nutzen möchtest, starte nicht erst dann, wenn das Kind bereits in den Brunnen gefallen ist. Nutze es dann, wenn der bewusste Verstand dir nicht im Weg steht. Doch dazu musst du auch an die Macht des Unterbewusstseins glauben. Denke dafür an die selektive Wahrnehmung und daran, dass immer den gleichen Menschen alles zufällt und dass wir täglich komplizierte Tätigkeiten wie zum Beispiel Autofahren fehlerfrei ausführen, ohne bewusst darüber nachzudenken.

Wir verlassen das Thema Bewusstsein und Unterbewusstsein nun vorerst und wenden uns Menschentypen oder Charakteren zu.

Aus Gesichtern lesen

Aus Gesichtern zu lesen, ist der schnellste Weg zur Typenbestimmung, und da die Trefferquote sehr hoch ist, werde ich dir diesen Weg aufzeigen.

Wie sich der Charakter eines Menschen beschreiben lässt oder was ihm im Alltag leichter oder schwerer fällt als anderen, lässt sich häufig am Gesicht ablesen.

Was nun folgt, ist ein Teil der Quintessenz aus vielen Führungsseminaren oder Personalbüchern. Nur liest dort niemand etwas aus dem Gesicht ab, denn dies gilt als zu unseriös und als zu nah an dem bösen Wort Rassenlehre. Am Ende steht in der Personalwissenschaft dann doch das Ergebnis, dass Menschen in Grün, Blau, Gelb oder Rot eingeteilt werden, sie unterschiedliche Bedürfnisse haben, wir alle Typen in einem guten Team brauchen und sie charaktergerecht behandelt werden müssen, damit sie Höchstleistungen erbringen.

Nicht nur in der Personalwissenschaft, sondern auch wenn es um erfolgreiche (Liebes-)Beziehungen geht, sind die Eigenschaften von Charakter und Typ entscheidend für den Erfolg.

Ich werde dieses Thema nur mit einem Fokus streifen. Ich möchte, dass du ein Gefühl dafür bekommst, was für ein Typ du bist, damit du das anwenden kannst, um dich schneller in den Flow zu bringen.

Die Kunst, anhand von Merkmalen des Gesichtes Charaktereigenschaften oder Vorlieben abzulesen, nennt man Physiognomie.

Ob jemand dicke Augenbrauen, dünne Lippen, ein kantiges Gesicht, dünnes Haar, helle Haut, eine große Nase, durchgezogene Stirnfalten oder abstehende Ohren hat – all das kann auf Charaktereigenschaften hindeuten.

Ich möchte hier nicht darauf eingehen, ob jemand Tendenzen zum Fremdgehen hat, geizig ist oder Dinge zu Ende denkt, und das am Gesicht anderer Leute ablesen. Ohnehin sind die Interpretationen in der Literatur sehr unterschiedlich.

Meine Absicht ist, dass du in dein Gesicht schaust und dort Dinge erkennst, die für den Flow relevant sein könnten.

Gesichtsform

Da wäre als Allererstes die Gesichtsform: Ist das Gesicht rund, kantig oder birnenartig?

Das kantige Gesicht finden wir bei bewegungsfreudigen Menschen. Die rechte obere Stirn und das rechte untere Kinn sind eine Linie. Auf der linken Seite verhält es sich genauso.

Das birnenartige Gesicht haben wir häufig bei den Denkern und Wissenschaftlern. Hier ist die Stirn größer ausgeprägt und die untere Gesichtspartie läuft schmal und weich zusammen.

Das runde und ausgeglichene Gesicht finden wir bei Managern.

Glaubst du mir nicht? Gebe doch mal bei der Google-Bildersuche Marathonläufer ein, und du weißt, was ich mit kantigen Gesichtern meine.

Hinsichtlich der Birnen suche nach Edison oder Marie Curie.

Für die Manager suche nicht diejenigen, die durch Innovationskraft (Steve Jobs: eher Birne) oder starken Vorwärtsgang (Elon Musk: eher Kante) so erfolgreich waren, sondern diejenigen, die durch Managementqualitäten oben stehen. Lloyd Blankfein (Goldman Sachs), Warren Buffett oder Ferdinand Piëch sind hier repräsentative Vertreter.

Was hat das mit Flow zu tun? Es ist naheliegend, dass die Kante bei Bewegung schnell in den Flow kommt, die Birne beim Entdecken und Schreiben und der Manager bei den Tätigkeiten, die etwas entstehen lassen, wie zum Beispiel Puzzeln oder Basteln. Nein, es ist nicht nur naheliegend, sondern lässt sich auch immer wieder beobachten.

Stirn und Ohrläppchen

Durchgezogene Stirnfalten sind bei Menschen zu finden, die Dinge gerne sofort zu Ende bringen und nichts aufschieben. Sie können besser in den Flow kommen. Die meisten Menschen haben eher unterbrochene Stirnfalten, so ist das Aufschieben von Aufgaben, auch Prokrastination genannt, ein allseits verbreitetes Volkslaster.

Ohrläppchen, die angewachsen sind, finden wir bei spontanen Menschen, die ihre Urlaubs- oder Wochenendpläne schnell über den Haufen werfen. Die Träger von nicht angewachsenen Ohrläppchen freuen sich monatelang auf ihren Urlaub oder ein Konzert und stellen sich dieses Erlebnis lange im Voraus vor dem geistigen Auge vor. Wer von den Ohrläppchentypen am Ende den schöneren Urlaub hat, ist damit nicht gesagt. Das Enttäuschungspotenzial ist bei freistehenden Ohrläppchen vermutlich größer.

Für den großen Flow sind die freistehenden Ohrläppchen besser, das Ziel kann von diesen Typen einfach besser visualisiert und ins Unterbewusstsein gebracht werden.

In den kleinen Flow können die Träger angewachsener Ohrläppchen viel schneller kommen. Sie müssen sich möglicherweise nicht auf eine Tätigkeit mental vorbereiten, in der sie sich konzentriert vertiefen, sondern sie tun es einfach.

Doch unabhängig davon, wie dein Gesicht aussieht (das ist ohnehin insbesondere bei der Form häufig nicht eindeutig): Du wirst Flow erleben können, kurzfristig und auch langfristig. Doch insbesondere deine Gesichtsform kann dir dabei helfen, deine Aktivitäten so zu steuern, dass du schneller in den Zustand der Leichtigkeit kommst.

Schaust du dir ins Gesicht und denkst du darüber nach, wie dein Charakter ist, analysierst du ein Eigenbild. Das ist gefährlich, denn hier kommt es häufig zu Wunschdenken. Der Blick in den Spiegel kann durch eine Wunschbrille verfälscht werden, weshalb es besser ist, jemand anderen zu fragen und sich ein objektives Bild einzuholen.

Alle Typen haben ihre Vor- und Nachteile, Stärken und Schwächen. Wenn du dir innerlich wirklich wünschst, ein anderer Typ zu sein, wird dein Gesicht sich verändern.

Albert Camus, George Orwell, Abraham Lincoln – einige berühmte Personen haben die These aufgestellt, dass ab einem bestimmten Alter jeder für sein Gesicht selbst verantwortlich ist.

Verlassen wir die Physiognomie und gehen zu den Botenstoffen und Stresshormonen; dann haben wir die Grundlagen zusammen, um den Flow zu verstehen.

Botenstoffe für das Gehirn

Dopamin

Ich bin kein Biochemiker und möchte auch niemanden mit Neurotransmittern oder Synapsen im Gehirn quälen. Doch das Glückshormon Dopamin sollten wir kennen. Es ist wichtig für unser Gehirn, denn ohne Dopamin hätten wir kein Glücksgefühl und wären Lichtjahre weit entfernt vom Flow. Wir würden vermutlich nicht mal den nötigen Antrieb haben, um morgens aus dem Bett aufzustehen. Ohne Dopamin wäre unser Leben vorbei. Dopamin ist auch möglicherweise der wichtigste Baustein für den großen Flow.

Ein Erfolg oder andere schöne Dinge in unserem Leben lassen den Dopaminspiegel nach oben rauschen. Auch Neugierde hat etwas mit Dopamin zu tun. Je stärker unser Drang ist, ein Rätsel zu lösen, den Nachbarsklatsch zu kennen, bei einem Unfall hinzuschauen; desto mehr erleben wir einen Dopaminschub, wenn wir Neugierde befriedigen können.

Da der Spiegel nicht dauerhaft auf einem hohen Level bleibt und nach einem Erfolgserlebnis schnell wieder absinkt, neigen wir Menschen dazu, dieses Glücksgefühl schnell wieder herstellen zu wollen.

Die Folge ist der Drang nach Süßem oder Fettigem, nach Fernsehen, Social Media, Sex und ständig neuen Höchstleistungen beim Sport.

Besonders schlimm ist es, wenn Drogen unseren Dopaminspiegel hochkatapultiert haben. Der Fall ins seelische Loch ist hier besonders stark und eine Wiederholung mit stärkeren Dosen zerstört den Körper und die Finanzen.

Je langsamer der Dopaminspiegel steigt, desto erträglicher

empfinden wir es, wenn er wieder fällt.

Das beste Beispiel für einen angenehmen Abfall des Dopaminspiegels ist sportliche Betätigung. Sport regt den Dopaminspiegel an. Wenn die Tätigkeit gerade beendet ist, befinden wir uns auf dem Höhepunkt. Doch haben wir danach das Gefühl, den Spiegel gleich wieder ansteigen lassen zu müssen? Nein, wir genießen und fallen in kein Motivationsloch. Bei Drogen ist es allerdings genau andersherum.

Lebenslanges Lernen, wenn es durch Neugierde ausgelöst wird, kann auch für einen Dopaminanstieg in gesunder Geschwindigkeit sorgen. Die Neugierde wird nicht schlagartig befriedigt, und das Gelernte kann lange, häufig lebenslang, genutzt werden.

Gegen die Spirale, permanent den Dopaminspiegel mit immer schöneren Dingen nach oben katapultieren zu wollen, hilft das Dopamin-Fasten. Es ist eine Art kalter Entzug von den gewohnten Dopamingebern. Wer im Urlaub Handy und andere Medien einfach im Hotelzimmer liegen lässt, wird nach wenigen Tagen anfangen, es weniger zu vermissen. Das Gleiche gilt für ungesundes Essen. Je tiefer der Dopaminspiegel beim Dopamin-Fasten fällt, desto weniger Reize brauchen wir, um ihn wieder steigen zu lassen.

Es kann nach dem Fasten nun auch ein Glücksgefühl beim Lesen, Spazierengehen oder beim Essen von gesunder Nahrung entstehen.

Übrigens

Allein für sich zu sein, ist außerhalb der Schlafzeiten für viele Menschen unerträglich. Also das Warten auf den Bus, die Fahrt im Fahrstuhl und die Zeit im Wartezimmer. Da wird schnell das Handy gezückt oder Musik gehört oder zu einer Zeitschrift gegriffen, selbst wenn die Wartezeit voraussichtlich nur eine Minute betragen wird. Leben ohne ständige Dopaminschübe scheint erst einmal unerträglich.

Für Produktivität ist Dopamin ebenfalls wichtig. Wenn wir uns (freiwillig!) in einen Rausch arbeiten, steigt der Dopaminspiegel meistens an.

Je langsamer der Dopaminspiegel ansteigt, desto mehr unterstützt er unsere Produktivität.

Ein Abfall des Dopaminspiegels während des Arbeitens wird unsere Produktivität vermindern. Wie kann es zu einem Abfall des Dopamins während der Arbeit kommen? Indem nebenbei ein Dopaminbeschleuniger verwendet wurde – der Klassiker sind Süßigkeiten.

Ich werde im weiteren Verlauf des Buchs noch sehr häufig auf Dopamin zurückkommen. Wenn du dessen Einfluss auf unser Leben verstanden hast, hast du eine der wichtigsten Grundaussagen dieses Buches schon verinnerlicht.

Serotonin

Serotonin ist ein Botenstoff, der uns entspannen, also zur Ruhe kommen lässt.

Am Tage macht er uns glücklich und stressresistenter und nachts wandelt er sich in Melatonin um. Das Melatonin wiederum sorgt für einen guten und tiefen Schlaf.

Gebildet wird es hauptsächlich im Darm. Dafür benötigt es einen Rohstoff, das Tryptophan, welches sich mit Helfern in Serotonin umwandelt. Diese Helfer sind Vitamin B6, Vitamin D und Omega 3.

Wer seinen natürlichen Serotoninspiegel erhöhen möchte, braucht das Tryptophan, welches beispielsweise in Nüssen, Kleie, Haferflocken, Bananen, Linsen, Edamer oder Fisch vorhanden ist. Vitamin D bekommen wir durch Sonnenlicht und Vitamin B6 zum Beispiel durch das Verzehren von Vollkornprodukten oder Fisch.

Der Hering ist der Fisch, der nicht nur Tryptophan und die B-Vitamine (auch B6) enthält, sondern er ist auch eines der wenigen Lebensmittel, welches Vitamin D enthält.

Stresshormone

Das Wort Stresshormon klingt negativ, jedoch würden wir ohne Stresshormone nicht überleben können. Sie priorisieren Körperfunktionen und sorgen dafür, dass wir in entscheidenden Momenten hellwach sind. Sehr bekannt ist das Hormon Adrenalin.

Adrenalin

Adrenalin wird in unserem Körper bei Gefahr schnell zur Verfügung gestellt. Der Blutdruck steigt, die Gefäße verengen sich, die Konzentration ist auf dem Höchststand, wir spüren keinen Hunger, haben einen Tunnelblick und unsere Gehirnwellen arbeiten im Gammamodus. Im Gegensatz zum Flow fühlen sich hier Minuten auch manchmal wie Stunden an.

Dieser Zustand, welcher meist nur wenige Minuten dauert und schnell wieder verschwinden kann, ist bei Gefahr wichtig für unser Überleben. Er kann uns auch punktuell zu Höchstleistungen bringen, beispielsweise beim Sport.

Ähnlich dem Adrenalin ist das Noradrenalin, welches zu einer körpereigenen Schmerzhemmung führt. So spüren beispielsweise Unfallopfer häufig weder Schmerzen noch Kälte.

Noradrenalin (unterdrückt den Schmerz) und Adrenalin (aktiviert die Kräfte) können einem Unfallopfer helfen, sich unter Umständen selbst aus einer misslichen Lage zu befreien. Fallen die Hormonspiegel nach geglückter Rettung ab, fallen Opfer nicht selten in die Bewusstlosigkeit oder gar ins Koma.

Cortisol

Der deutlich längere Stresszustand wird durch Cortisol aktiviert.

Wir müssen nach dem Schlafen aufstehen, um zu überleben. Wenn wir nicht aufstehen, verdienen wir kein Geld und können nicht für Nahrung sorgen oder sie zu uns nehmen.

Würde nach dem Aufwachen der Cortisolspiegel nicht ansteigen, so kämen wir gar nicht aus dem Bett. Ohne Cortisol würden wir auch nie in einen Flow-Zustand kommen. Ein Ansteigen des Cortisolspiegels hilft uns sogar, in den Flow-Zustand zu gelangen.

Cortisol hat in unserem Körper die Aufgabe, Körperfunktionen Prioritäten zuzuteilen. Verdauung und Immunsystem haben beispielsweise in Stresssituationen unterste Priorität, wichtiger sind Konzentration und Leistungsfähigkeit.

Erfordern häufige Stresssituationen sehr viel Cortisol, so hat das Folgen für unser Immunsystem und wir werden in keinen glücklichen Flow kommen.

Das Gute ist, dass wir uns wenig Gedanken über die Förderung von Cortisol machen müssen, vielmehr sollten wir den Abbau im

Auge haben, wenn wir uns in dauerhaften Stresssituationen befinden. Die Schlussfolgerung ist, dass wir Stress abbauen müssen, wenn wir den Cortisolspiegel senken möchten.

Schlecht zum Abbau von Stress sind Zähneknirschen, ungesundes Essen, Gewalt oder Drogen. Gut ist Sport ohne Leistungsverpflichtung (denn diese stresst wieder), für manch einen ist es der Spaziergang, die Malerei, das Putzen, das Lesen oder auch das Musikhören.

Wir leben weniger gestresst und somit gesünder und glücklicher, wenn wir einen zu hohen Cortisolspiegel vermeiden.

Zusammenfassung

In den Flow-Zustand zu kommen und in ihm zu bleiben, beinhaltet viele Faktoren. Ich habe mit den Auszügen zu Gehirnwellen, Typen und Botenstoffen einige Grundlagen zur Verfügung gestellt, um nun konkret in den Flow einzutauchen.

Knapp zusammengefasst sollten wir uns folgende Dinge für die späteren Kapitel merken:

» Im Alphazustand ist unser Geist nicht nur am stärksten und kreativsten, sondern wir können in diesem Zustand unterstützende Weichen für unser Unterbewusstsein stellen.

» Unser Bewusstsein kann nur eine begrenzte Anzahl von Informationen pro Sekunde aufnehmen. Je mehr unnütze Informationen auf uns einströmen, desto weniger Platz bleibt für die wichtigen Dinge.

» Wir sollten ehrlich unseren Charakter analysieren und die Erkenntnisse nutzen, um leichter in den Flow zu kommen.

» Dopamin ist ein Glückshormon, das ständig höhere Dosen sucht, um aktiviert zu werden. Die nötige Dosis lässt sich durch Dopamin-Fasten senken.

Das Dopamin wird später insbesondere für den großen Flow eine Rolle spielen, so viel sei vorab verraten. Der Alphazustand verfügt über eine ungeheure Kraft, und solltest du ihn bisher nicht gekannt haben, wirst du jetzt vielleicht den Rest deines Lebens vor dem Einschlafen an ihn denken und ihn im besten Fall gewinnbringend für dich nutzen.

Im nächsten Kapitel betrachten wir die Entstehung von Flow und schauen uns an, was allgemein bekannt ist und von einigen Wissenschaftlern bereits behandelt wurde.

Was den Flow entstehen lässt

Gemäß Mihály Csíkszentmihályi, der als anerkanntester Wissenschaftler im Themengebiet Flow gilt, gibt es vier Grundvoraussetzungen für den Flow-Zustand in einer Tätigkeit. Es geht hier um den kleinen Flow.

Erstens sind Etappenziele nötig. Diese müssen gar nicht explizit festgelegt werden.

Zweitens brauchen wir eine Rückmeldung oder Feedback, doch Achtung: Rückmeldung und Feedback sind nicht das Gleiche! Das Feedback ist mehr extern zu sehen. Die Rückmeldung kann auch ein körperliches oder geistiges Signal sein.

Drittens muss die Tätigkeit den richtigen Grad an Herausforderung haben (das ist häufig der schwierigste Teil).

Viertens muss der Fokus auf das Handeln vorhanden sein, das heißt, wir sollten uns nicht ablenken lassen.

Bei den vier Punkten ist nicht vom allgemeinen körperlichen Zustand oder vom Typ die Rede, auch nicht von Gehirnwellen und Botenstoffen. Der physische Zustand ist ein Teil von Nebenkriterien, die auch nicht von Csíkszentmihályi stammen.

Ich werde in diesem Kapitel drei Grundvoraussetzungen praxisnah unter die Lupe nehmen: Ziele, Rückmeldung und Herausforderung. Dem Aspekt der Ablenkung widme ich ein eigenes Kapitel, ebenso wie den Nebenkriterien.

Schrittweise Ziele

Im Leben ist es immer wichtig, Ziele oder eine Richtung zu haben, das kann zum Beispiel ein Lebensmotto sein oder ein Lebenstraum wie beruflicher Erfolg, das Gründen einer Familie, das Bereisen der Welt oder vieles mehr. Hat man das nicht, können kleinere Zwischenziele keine Rückmeldungen auslösen. Es muss nicht immer konkret sein, deshalb kann eine Richtung („Ich will mich verbessern", „Ich will noch etwas erleben") ausreichend sein.

Selbst jemand, der todkrank ist und nur noch eine begrenzte Zeit zu leben hat, kann Ziele haben, die ihn noch auf seine letzten Tage zu Flow-Erlebnissen bringen. Das Erreichen von kleinen Zielen wie ein Besuch am Meer, der Besuch von Verwandten oder eines bestimmten Konzertes, kann Flow in jemandem auslösen, der von außen gesehen stark vom Lebenspech getroffen wurde.

Übrigens

Im Film „The Green Mile" hat ein Todeskandidat eine Maus, für die er sich verantwortlich fühlt. Es ist sein verbliebener Lebenszweck. Diese Story ist nicht unrealistisch. Es ist immer wieder von Häftlingen oder gar von ehemaligen KZ-Insassen zu hören, dass sie trotz schlimmster Umstände Flow erlebten, weil sie einen Lebenszweck fanden. Viktor Frankl schrieb darüber ein Buch: „... trotzdem Ja zum Leben sagen". Man muss sich vorstellen, dass der Dopaminspiegel auf dem erdenklich tiefsten Level ist und kleinste Freuden einen Glücksschub auslösen können.

Ziele dürfen dabei nicht mit unrealistischen Wunschträumen wie beispielsweise einem hohen Lottogewinn verglichen werden.

Ein Ziel muss nicht konkret sein. Auf einer Erfolgskurve oder Lernkurve zu bleiben, die stetig nach oben geht, kann viele Menschen erfolgreich motivieren, ohne dass ein solches Ziel bezifferbar ist.

Vielmehr geht es um Zwischenschritte, die zu einem größeren Ziel führen. Wenn du ein Haus selbst baust und an einem bestimmten Tag fertig sein willst, ist das nicht dein Ziel für den Flow. Auch nicht das Gewinnen eines Strategiespiels. Das Absolvieren eines Marathons ist ebenfalls nicht gemeint.

Die kleineren Zwischenschritte auf dem Weg zum Haus (Keller, Erdgeschoss, Mauern, Innenausbau) sind relevant, das Absolvieren von Kapiteln im Strategiespiel oder die immer stärker werdende Kondition beim Marathontraining. Der Weg ist häufig das Ziel.

Das Erreichen des großen Ziels mag Glückshormone ausschütten und dich glücklicher machen, als du es je in einem Flow-Zustand warst. Doch es ist kein Flow, es ist etwas anderes Schönes, und es ist wichtig für das Selbstbewusstsein. Doch diese Momente sind seltener im Leben. Den kleinen Flow kannst du fast jeden Tag erreichen.

Musst du dich jetzt hinsetzen und Ziele aufschreiben? Nein! Du hast häufig dein Ziel schon in deinem Unterbewusstsein verinnerlicht.

Wenn ich spazieren gehe, mache ich mir vorher keine Gedanken darüber, was mein konkretes Ziel ist. Ich möchte mir die Beine vertreten, weil ich einen Bewegungsdrang habe, das ist mein inneres Ziel. Wenn ich dabei in den Flow-Zustand komme, liegt es möglicherweise daran, dass mein inneres Ziel darin bestand, mir die Beine zu vertreten, und andere Flow-fördernde Umstände hinzugekommen sind.

Insbesondere Babys und kleine Kinder befinden sich sehr häufig im Flow. Wir werden noch häufiger darauf zurückkommen und zum Schluss noch einmal konkret darüber nachdenken, warum das so ist.

Babys und Kinder schreiben sich keine Ziele auf. Sie haben einen generellen inneren Willen, immer Neues zu lernen oder zu entdecken.

Die Tätigkeit, die wir tun, muss mit unserem Ziel vereinbar sein. Laufe ich zum Briefkasten, weil ich dort nicht anders hinkomme und ein Brief nun mal dort eingesteckt werden muss, erlebe ich wahrscheinlich keinen Flow. Laufe ich zum Briefkasten, weil ich Lust habe, mir die Beine zu vertreten, dann habe ich ein inneres Ziel und kann in den Flow-Zustand kommen.

In der Theorie sollte man ein Gesamtziel und dessen Unterziele definieren. Das artet meiner Meinung nach jedoch fast schon in Stress aus. Ich persönlich würde Flow nie auf dem Papier planen. Wenn ich dir diese Aufgabe gebe, machst du es vermutlich ein- oder zweimal. Danach hörst du auf, das Buch verstaubt und vom Inhalt bleibt nur wenig langfristig hängen. Mein Ziel ist es für dich, die Wahrscheinlichkeit eines Flow-Erlebnisses zu erhöhen, weil du die wichtigsten Einflussfaktoren oder Stellschrauben nach dem Lesen des Buches dafür kennst und sie in deinem Leben verbessern wirst.

Die Rückmeldung

Hast du schon einmal an einem größeren Puzzle gearbeitet? Die meisten fangen mit dem Zwischenziel an, dem Rand, und versuchen dann einzelne, markante Objekte zusammenzulegen. Wenn man so vorgeht, sieht man schnell Ergebnisse. Das ist eine positive Rückmeldung und ruft ein angenehmes Gefühl hervor. Malern, Mauern, Möbel zusammenbauen oder das Schreiben von Büchern fallen in die gleiche Kategorie.

Tätigkeiten, bei denen erste Ergebnisse sofort sichtbar sind, sind Flow-geeignet.

Nehmen wir an, du wanderst eine unbekannte Strecke und hast ein bestimmtes Ziel. Das Ziel zu erreichen, ist in dem Fall der Zweck, und nicht die Bewegung an sich. Stell dir vor, du weißt zwischendrin nicht mehr genau, wo du dich befindest. Du weißt also nicht mehr, ob du noch auf dem richtigen Weg bist. Es fehlt hier die Rückmeldung, der Flow wird in weite Ferne rücken.

Wäre dein Ziel die reine Bewegung und das Erreichen eines Ziels nebensächlich (ja, fast schon schade, weil das Wandern dann vorbei ist), könntest du den Flow trotzdem erleben.

Möchtest du mit dem Flow ein bestimmtes physisches Ziel erreichen, stelle sicher, dass du Rückmeldungen hast. Konkret bedeutet das: Du darfst dich nicht verirren, und dir sollte jederzeit klar sein, wie viel Prozent des Weges du schon geschafft hast.

Rückmeldungen betreffen nicht nur das Tracken von Erreichtem. Wenn du eine Tätigkeit ausführst und etwas an der gewohnten Technik änderst, dann wird der Flow aus dir nur so heraussprudeln, wenn du sofort eine positive Rückmeldung bekommst. Die Rückmeldung könnte beispielsweise sein, dass alles etwas leichter, schneller oder genauer geht.

Ich schreibe hier gerade mein viertes Buch und verstoße diesmal gegen alle Techniken des guten Schreibens, die in Ratgebern zum Besten gegeben werden. Ein Zielpublikum zu definieren, eine Gliederung zu erstellen, ein Exposé zu erstellen, die Einleitung zum Schluss schreiben – nichts davon habe ich dieses Mal gemacht. Ich bin noch nicht mal Psychologe oder Wissenschaftler und kann aus der Hüfte heraus über meine Experimente berichten (wie zum Beispiel Daniel Kahnemann, den ich sehr schätze). Nein, diesmal habe ich einfach drauflos geschrieben, mit einem leichten Plan im Hintergrund, was ich der Welt überhaupt mitteilen möchte. Ich habe keinen Professor, der mir etwas vorschreibt, ich kann andere Techniken wagen.

Diese Technik hat mir Rückmeldung gegeben. Ich schreibe und schreibe, und das Buch wird von Stunde zu Stunde größer. Ich weiß gerade genau, an welcher Stelle mein Leser ist, der rote Faden ist garantiert. Da diese Technik meinen Fortschritt nicht schmälert, sondern zumindest für dieses Buch verbessert, erlebe ich beim Schreiben einen Flow.

Rückmeldungen muss niemand aktiv suchen oder gar aufschreiben, doch wir sollten wissen, dass ohne Rückmeldungen ein Flow-Zustand schwieriger zu erreichen ist. Ein Kilometerzähler am Fahrrad, eine Laufuhr, die dem Läufer Rundenzeiten zuruft, können eine adäquate Rückmeldung sein. Im Fall von Ausdauersportarten kann die zurückgelegte Strecke, sofern man sie kennt, schon ausreichend sein. Unterstützende Technik kann hier sogar Flow-verhindernd sein, doch dazu kommen wir später noch.

Wenn du den glücklichen Gesichtsausdruck des Flow-Gefühls bei einem Menschen sehen willst, schau dir ein Baby an, das etwas ausprobiert und eine Rückmeldung in Form von Gelingen bekommt.

Die Herausforderung

In der Theorie klingt es kompliziert. Eine Tätigkeit darf keine Über- oder Unterforderung sein. Die Balance von beidem, also der Herausforderungsgrad in der Mitte, ist die Voraussetzung für Flow.

So kompliziert ist es gar nicht, denn die Bandbreite, in der sich unser Herausforderungsgrad bewegen darf, ist sehr weit. So kann ein Läufer zwischen Kilometer drei und acht im Flow sein, obwohl er zehn Kilometer konditionell gar nicht schaffen wird und deshalb beim neunten Kilometer aufhört. Hier war der Läufer stark an der Schwelle der Überforderung. Umgekehrt kann sich ein trainierter Marathonläufer nach zwei Kilometern bereits im Flow befinden, obwohl zu diesem Zeitpunkt die Strecke eine Unterforderung ist.

Es geht um die Extremwerte. Wer keine Chance hat, eine Tätigkeit zu schaffen, oder wer bei einer Sache völlig in Langeweile verfällt, erlebt keinen Flow.

Richtig spannend und extrem Flow-fördernd ist es, wenn das Level der Herausforderung jederzeit gesteuert, also an das persönliche gute Gefühl angepasst werden kann.

Wenn wir die Geschwindigkeit unserer Tätigkeit jederzeit an den Wohlfühlfaktor anpassen können, werden wir uns genau in der Mitte zwischen Herausforderung und Langeweile befinden.

So kann eine Autofahrt anstrengend sein und man plötzlich in den Flow-Zustand übergehen, weil der Tempomat um 10 Prozent höher oder tiefer gestellt wurde. Man kann damit austesten, wo der Wohlfühlfaktor liegt. Beim Wandern oder Laufen reguliert der Körper automatisch die Wohlfühlgeschwindigkeit, solange man allein unterwegs ist. Du musst deshalb nicht zwingend allein joggen oder wandern. Wenn du als Team in den Flow kommst, ist das Glücksgefühl häufig viel größer. Das Team sollte hinsichtlich seiner Wohlfühlgeschwindigkeit auf deinem Level sein.

Übrigens

Fährst du 250 Kilometer auf der Autobahn ohne Pause mit 120 km/h, wirst du schneller am Ziel sein, als wenn du 110 km/h fährst. Doch gefühlt kann es sein, dass bei 110 km/h die Zeit schneller vergeht. Wenn 110 km/h weniger anstrengend sind als 120 km/h und du deshalb in den Flow kommst, vergeht die Zeit schneller.w

Ich wage zu behaupten, dass Flow entstehen kann, wenn die Herausforderung bei null ist, solange andere Flow-fördernde Elemente wie Rückmeldung und Zwischenziele stark ausgeprägt sind.

Wer putzt schon gerne wegen der Tätigkeit an sich? Sie ist häufig sogar gesundheitsschädigend. Doch das Ergebnis, welches mit jedem Wisch sofort sichtbar ist, gibt eine unheimlich starke Rückmeldung, und solange das Ziel nicht unmöglich ist (Stichwort: Staubsaugen in der Wüste), ist das wichtige Element des Zwischen- ziels vorhanden. Der aufkommende Dopaminschub, weil die Woh- nung sauber ist, fällt auch nicht so schnell ab, denn das Ergebnis entsteht langsam und bleibt länger, wie beim Sport.

Eine eigentliche Überforderung kann jedoch unerwartet zu einem Flow-Auslöser werden. Ich habe jahrelang als Kind Schach gespielt und nie gewonnen. Jedes Spiel war eine Überforderung und ich war nie im Flow. Doch eines Tages, während eines Skiurlaubs, erreichte ich ein Remis gegen einen starken Gegner. Ich kann mich gut daran erinnern, dass mich dieses Erlebnis in einen mittleren Flow brachte, und zwar nach dem Spiel. Ich habe mindestens 24 Stunden danach noch über die Partie nachgedacht, die Zeit um mich verflog, egal was ich gerade tat. Ob ich beim Frühstück saß, spazierte, auf dem Lift saß oder den Abhang herunterraste – in meinem Gehirn fanden unglaubliche Prozesse statt. Ich habe am nächsten Abend wieder Schach gespielt und zum ersten Mal in meinem Leben ein Spiel ge- wonnen. Ich war mir den ganzen Tag über sicher, dass so etwas ge- schehen wird. Seitdem habe ich 90 Prozent meiner Schachpartien gewonnen. Spiele ich heute gegen einen Gegner, der schwer, aber schlagbar ist, erlebe ich oft einen Flow.

Den Flow beim Schach kann man auch bei Mathematik oder beim Programmieren erleben. Es sind Bereiche, die vielen Menschen nicht unbedingt liegen. Doch ein kleines Erfolgserlebnis kann die Initialzündung für einen großen Flow sein.

Wir sehen dieses Phänomen häufig beim Sport. Der Sieg eines Underdogs gegen einen übermächtigen Favoriten verursacht Flow. Man spricht von Beflügelung, doch es handelt sich dabei um mittle- ren bis großen Flow. Getragen von einem Glücksgefühl und hoher Konzentration, verbunden damit, intuitiv alles richtig zu machen.

Ursächlich dafür können Prozesse im Unterbewusstsein sein. Wir kommen später noch einmal darauf zurück.

Die Konzentration ist das letzte Element in der Flow-Theorie.

Die Konzentration

Wir können es statt Konzentration auch Fokussierung nennen. Konzentration ist häufig negativ belegt, denn wer hat nicht als Kind von den Eltern oder Lehrern gesagt bekommen: „Konzentriere dich!". Der Ausspruch „Fokussiere dich!" klingt eher nach einem Tipp oder einem Plan.

Egal ob Fokus oder Konzentration: Der größte Feind von beiden ist die Ablenkung, weshalb ich ihr ein eigenes Kapitel widme. Du wirst es möglicherweise kaum glauben, was uns alles schon unbewusst ablenken kann.

Das schönste Erlebnis des Flows ist möglicherweise das Glücksgefühl. Danach kommen Produktivität, aber auch die Freude, dass man es geschafft hat, sich auf etwas zu konzentrieren.

Hier sind wir am springenden Punkt. Wir konzentrieren uns nicht, um in den Flow zu kommen (das wäre zu viel Gamma in unserem Gehirn), sondern wir wollen den Flow erleben, weil wir uns dabei so gut konzentrieren können.

Wir sprechen vom Tunnelblick, der auch unter Ausdauersportlern bekannt ist. Eine Ablenkung wird hier nicht zugelassen.

Wir können festhalten, dass die Konzentration und das richtige Herausforderungslevel zwar für den Flow wichtig sind, sie müssen jedoch nicht explizit organisiert werden. Oftmals kommen diese Dinge mit einer Flowtätigkeit von allein, quasi als Nebeneffekt. Dass bei einer Tätigkeit Zwischenziele geschaffen und Rückmeldungen gesucht werden, erfordert eine bewusstere Steuerung.

Doch ist das für Konzentration notwendige Umfeld nicht da, wird kein Flow entstehen, deshalb kommen wir gleich zu den Flow-verhindernden Umständen.

Vorher fasse ich kurz die Kernaussagen dieses Kapitels zusammen.

Zusammenfassung

Mihály Csíkszentmihály hat vier Voraussetzungen für den kleinen Flow aufgezeigt.

Unsere Tätigkeit muss ein Ziel haben, das wir aber nicht explizit vorher definieren müssen. Es können auch kleinere Zwischenziele sein.

Wir brauchen außerdem Rückmeldungen oder Feedback, das bedeutet, unsere Tätigkeit muss Fortschritte zeigen, die uns weiter antreiben.

Es ist wichtig, dass wir uns weder über- noch unterfordert fühlen. Die Bandbreite ist aber häufig sehr weit, und am besten ist es, wenn wir den Herausforderungsgrad selbstständig steuern können. Dieser Punkt gilt als Kernvoraussetzung für ein Flow-Erlebnis.

Letzter Punkt: Wir müssen uns auf eine Tätigkeit konzentrieren oder fokussieren können. Dazu sollten wir lernen und wissen, was uns ablenkt. Die Verhinderung von Flow wird deshalb im nächsten Kapitel unser Fokus sein.

Die Säulen des Flows

Die 4 Säulen des Flows

Was den Flow verhindert

Wenn wir mehr Flow in unserem Leben haben wollen, muss uns bewusst sein, was ihn verhindert. Es ist nicht nur die Ablenkung, es kann auch unser körperlicher und geistiger Zustand sein. Aus diesem Grund ist der Begriff Ablenkung zu pauschal; wir sollten wissen, was uns ablenken und Flow verhindern kann.

Zeitfresser

Ich starte mit dem, was uns jeden Tag ablenkt und uns Zeit raubt, die für Flow nicht zur Verfügung steht.

Wie kann man in zwölf Monaten trotz Vollzeitjob und Ehrenamt drei Bücher schreiben? Indem man in seinen Tätigkeiten mittels Flow sehr produktiv ist und unproduktive Zeitfresser eliminiert. Doch was sind Zeitfresser?

Vor 20 Jahren war es hauptsächlich das Fernsehen, mittlerweile sind es modernere Aktivitäten wie das Surfen im Internet, Social Media, Streaming, Online-Shopping.

Wer jeden Tag drei Stunden vor dem Fernseher sitzt oder streamt, schaut fast 100 Stunden im Monat fern. Fernsehen, Streaming, Facebook, Instagram, Surfen im Internet – wir verbringen vier bis fünf Stunden täglich damit. Das sind 150 Stunden im Monat. Wer für all diese Dinge nur 2 Stunden am Tag aufwendet, wird in der Gesellschaft nicht als unzeitgemäß gelten und trotzdem 100 Stunden mehr Zeit im Monat haben, also 1200 Stunden im Jahr.

Ich streame auch gerne und habe auch schon mal den einen oder anderen Serienmarathon absolviert. Doch ich tue es dann, wenn mein Geist nicht besonders bereit für den Flow-Modus ist, zum Beispiel spätabends, wenn ich krank bin oder körperlich hart gearbeitet habe. Ich habe nicht die Routine in mir, auf der Couch den Fernseher anzustellen. Ich hatte aber früher die Angewohnheit, stundenlang mit dem Laptop im Netz zu surfen, wenn ich mich auf die Couch gesetzt habe – das war nicht besser. Ich habe mir dann einen zweiten Laptop zugelegt, auf dem ich nur Bücher schreibe. Es sind keine Favoriten im Browser abgespeichert, die mich zum Surfen verleiten könnten. Der Laptop, mit dem ich surfe oder Social Media verwalte, steht woanders, er ist nicht sofort verfügbar und lenkt mich nicht mehr ab. So gewinnt man im Monat schnell 50-100 Stunden. In dieser Zeit schreibe ich ungefähr ein halbes Buch. Da ich das gerne mache, bietet es mir die gleiche Entspannung wie Fernsehen. Ich fühle mich nicht überarbeitet. Wenn ich das Gefühl habe, nicht mehr schreiben zu wollen, höre ich einfach auf. Hier ist der Unterschied zum Vollzeitjob. Ich brauche einen Ausgleich zum Vollzeitjob, aber keinen Abstand zu dem, was ich freiwillig und jederzeit gerne mache. Dazu zählt auch das Ehrenamt. Selten hört man Menschen sagen, dass sie Urlaub brauchen, um sich von ihrem Ehrenamt zu erholen.

„Dafür habe ich keine Zeit und keine Geduld, und davon habe ich keine Ahnung." Das ist die klassische Antwort, wenn man Menschen für das Ehrenamt sucht. Es ist auch die Antwort von Menschen, die mehr aus ihrem Leben machen wollen, aber einfach nicht damit starten können.

Sitzt du öfters stundenlang in öffentlichen Verkehrsmitteln oder im Auto? Musst du dabei Musik oder Radio hören? Kannst du nicht auch einen Teil der Zeit nutzen (ein Drittel wäre vollkommen ausreichend), um einen Podcast oder ein Hörbuch zu hören? Du hättest in dem Augenblick die Zeit und änderst etwas daran, dass du von bestimmten Dingen keine Ahnung hast. Selbst durch das Lesen von Romanen könntest du deinen Geist verbessern. Die Zeit mit Musik würde ansonsten unproduktiv verstreichen. Vielleicht brauchst du die Musik für Entspannung. Dann höre sie, während du aufräumst oder spazieren gehst, aber nicht zum Zeitvertreib.

Zeit ist ein unheimlich kostbares Gut. Zeit über einen längeren Zeitraum einmal effektiv zu nutzen, kann einen großen Flow auslösen. Du hast Rückmeldungen (Produktivität), das richtige Herausforderungslevel (du bestimmst, wie viel Zeit du nutzt), weniger Ablenkung (du machst wenig Unnützes) und damit mehr Konzentration auf die produktiven Dinge.

Zeitfresser zu eliminieren, eignet sich als sehr gute Technik, um mit kleinen Schritten zum Erfolg zu kommen. Am Anfang 30 Minuten pro Tag etwas Sinnvolleres zu tun, als nur zu konsumieren – dafür musst du deine Komfortzone auch gar nicht so weit verlassen. Probiere es einmal aus!

Hast du jetzt oder zukünftig mehr Zeit geschaffen, kann dein körperlicher Zustand dich trotzdem am Flow hindern, deshalb widmen wir uns diesem Punkt als Nächstes.

Der körperliche Zustand

Großer Hunger, starker Durst, Übermüdung, Krankheit, Schmerzen, Völlegefühl. Es versteht sich von selbst, dass körperlich anstrengende Zustände nicht Flow-fördernd sind. Frieren und Schwitzen sind selbstverständlich auch nicht hilfreich für unser Glücksgefühl.

Durst, Hunger und Völlegefühl lassen sich am einfachsten durch leichte Ernährung und zuckerfreie Getränke vermeiden. Im Falle einer Krankheit sieht das anders aus. Hier sollte kein Flow durch konzentrierte Tätigkeiten erzwungen werden. Der Körper konzentriert sich allein auf das Gesundwerden und sollte dabei auch nicht gestört werden.

Ein schlechter körperlicher Zustand ist Flow-mindernd!

Befinden wir uns in einem gestressten Zustand, können wir durchaus konzentriert arbeiten (Gamma-Wellen!), es verursacht jedoch keine Glücksgefühle und nur selten Kreativität. Wir brauchen Alpha-Wellen.

Eine Ernährung, die unseren Blutzuckerwert nach oben schießen lässt, ist ebenfalls nicht hilfreich. Wir können im Flow zwar Hunger und Durst vergessen, doch die Folgen eines starken Blutzuckerabfalls, wie Heißhunger, lassen sich durch Flow-Zustände nicht verdrängen.

Ein schwankender Blutzuckerspiegel ist Flow-mindernd!

Trotz Naschereien kann man im kleinen Flow sein, man wird jedoch immer wieder nachlegen müssen, also ständig weiternaschen, damit der Heißhunger nicht zurückkommt.

Zum Thema Krankheit und Schmerz sei noch gesagt, dass Menschen, die diese unangenehmen Dinge im Dauerzustand erleben, sehr wohl in den Flow-Zustand kommen können, teilweise sogar leichter als andere; selbst bei Menschen, die nur noch wenige Zeit zu leben haben. Wir werden dies später noch einmal aufgreifen.

Der mentale Zustand

Erleben wir einen mentalen Ausnahmezustand wie den Tod eines nahen Angehörigen, eine Trennung vom Partner, Jobverlust oder andere Krisen, so werden wir in einer geistigen Tätigkeit kaum den Flow finden. Zu stark schweifen die Gedanken immer wieder ab.

Starke psychologische Ausnahmesituationen sind für den Geist Flow-mindernd!

Befinden wir uns in einer solchen Situation, dann ist ein Flow-Erlebnis bei körperlichen Tätigkeiten aber dennoch möglich. Wenn wir uns sportlich betätigen, während wir mental in einem schlechten Zustand sind, so bemerken wir die körperliche Anstrengung kaum, denn unser Geist ist abgelenkt. Gleichzeitig senkt die Bewegung den durch den Stress verursachten, erhöhten Cortisolspiegel. Das gilt ebenso für den aufgedrehten Zustand, infolge positiver Erlebnisse. Auch das wird uns von geistigen Tätigkeiten ablenken.

Wer sich in einem schlechten mentalen Zustand befindet und eine geistige Tätigkeit plant, die er im Flow-Zustand erleben möchte, dem kann ich einen Tipp geben: Versuche zunächst einmal, ein Flow-Erlebnis mit einer körperlichen Tätigkeit zu erreichen, bevor du die geistige Aufgabe angehst.

Mit dem Fahrrad zur Arbeit fahren, nach dem Aufstehen joggen oder spazieren, am Wochenende erst putzen oder aufräumen, bevor etwas Geistiges getan wird – das sind Möglichkeiten zur Vorbereitung auf eine konzentrierte Arbeit.

Zum mentalen Problem gehört auch ein zu stark schwankender Dopaminspiegel.

Der Dopaminspiegel kann durch das Abrufen von kleineren Selbstbestätigungen (beispielsweise Likes auf Social-Media, Abrufen von Verkaufszahlen), das Lauterdrehen von Lieblingsmusik oder eine leckere Mahlzeit gesteigert werden. Wenn wir das Bedürfnis haben, dopaminsteigernde Tätigkeiten zwingend durchführen zu müssen, sind wir nicht im mental richtigen Zustand.

Ein starkes Bedürfnis nach Dopamin ist Flow-mindernd!

Übrigens

Kleiner Exkurs zur Börse: Menschen, die ein Wertpapierde-pot haben, neigen dazu, ständig in ihr Depot zu schauen, wenn es im Plus ist. Ist es im Minus, lässt das Bedürfnis so-fort nach. Auch das liegt am Dopamin. Ein Depot, welches im Haben ist, verursacht einen Dopaminschub, wenn wir es betrachten. Insbesondere wenn es gerade auf Rekord-niveau ist, steigt das Verlangen danach, es zu betrachten, ständig. Ist es im Minus, wird kein Dopaminschub ausge-löst, weshalb wir kein Bedürfnis haben, es permanent zu checken, und es uns leichter fällt, uns nicht dadurch ab-lenken zu lassen.

Verspüren wir ein zu starkes Verlangen nach Dopamin, wird es Zeit für ein sogenanntes Dopamin-Fasten: 1-2 Stunden ohne Han-dy, Internet, Fernsehen, süßes oder fettiges Essen oder andere Dopaminausschütter. Stattdessen können Tätigkeiten wie Spazie-rengehen, Putzen, Aufräumen, Basteln oder Lesen bereits helfen und dir im besten Fall sogar ein Flowerlebnis bescheren. Das Schö-ne daran ist, dass Flow wieder eine Dopaminausschüttung auslöst, aber das meistens in gesundem Maß.

Doch kein Flow-mindernder Effekt ist so stark wie die direkte Ab-lenkung.

Die direkte Ablenkung

Menschen, die direkt etwas von dir wollen, indem sie dich an-sprechen, anchatten oder anrufen, lenken unmittelbar ab. Wenn du permanent etwas suchen musst, was für deine Tätigkeit wichtig ist, ist dein Flow in Gefahr. Die Suche nach Werkzeug lenkt dich direkt ab und stört dein Glücksgefühl.

Es klingt einfach: Wer bei einer Tätigkeit permanent gestört, also abgelenkt wird, kommt nicht in den Flow. Du ahnst gar nicht, wie viele Dinge dich unbewusst ablenken können.

Erinnern wir uns an die bewusste Aufnahmefähigkeit: 126 Informationen pro Sekunde, wovon Sprache bereits 40 Informationen verbraucht. Angenommen, wir lesen etwas, und gleichzeitig läuft Musik oder im Hintergrund findet eine Unterhaltung statt. Wenn dazu vielleicht die Gedanken beim gerade piependen Handy sind, so sind die 126 Informationen schnell aufgebraucht und in der eigentlichen Tätigkeit des Lesens kommt kein Flow auf.

Es ist aber möglich, in der vollen Fußgängerzone zu sitzen und konzentriert ein Buch zu lesen. Es ist auch in Großraumbüros nicht ausgeschlossen, konzentriert zu arbeiten. In dem Augenblick, in dem das Gehirn gar nicht mehr versucht, die Umgebung zu verarbeiten, lenkt das Umfeld auch nicht mehr ab. So kann ein Wechsel von Ruhezone und Trubel für den Geist zunächst problematisch sein, doch er wird sich auf Dauer daran gewöhnen.

Der Wechsel von Ruhe auf Trubel oder umgekehrt ist Flow-mindernd!

Kinder und Kollegen

Dass Kinder, Eltern, Kollegen, Teammitglieder, Kommilitonen, Mitschüler und so weiter direkt ablenken, ist offensichtlich. Wenn du im Flow sein möchtest, wird dein Umfeld es vermutlich nicht mitbekommen. Die Bitte „Ich brauche jetzt mal meine Ruhe" oder „Ich muss mich mal konzentrieren" kommt dann häufig zum Einsatz, hinterlässt aber nicht selten eine frustrierte Gegenseite, insbesondere bei Kindern.

Nicht ganz so offensichtlich ist die Tatsache, dass dich andere Menschen auch ablenken können, wenn sie es gar nicht direkt tun und dich ansprechen, sondern allein durch ihre Anwesenheit. Je mehr Menschen um dich herum sind, desto höher ist die Wahrscheinlichkeit, dass sich, getrieben durch deine Neugier oder Fürsorgepflicht bei Kindern, dein Fokus verschiebt. Das betrifft den Anfang, also den Eintritt in den Flow. Bist du erst mal im Flow, blendest du dein Umfeld automatisch aus und kannst dann theoretisch selbst in einer Fußgängerzone konzentriert arbeiten.

Das neue Umfeld und die Vergleiche

Ein neues Umfeld wird immer ablenken. Häufig ist das im Urlaub der Fall. Das konzentrierte Lesen am Strand wird am ersten Urlaubstag am schwierigsten sein. Zu viele Eindrücke wirken ein. Aber nicht nur die Eindrücke lenken ab.

Der Mensch neigt zu permanenten Vergleichen und teilt diese meist auch dem Umfeld mit. In den ersten Tagen des Urlaubs vergleicht er die Erwartung, die er Wochen im Voraus hatte, mit der Realität. Hier sind übrigens Menschen mit abstehenden Ohrläppchen deutlich häufiger betroffen (gemäß der Physiognomielehre Carl Huters). Sie freuen sich wochenlang auf ihren Urlaub im Vorfeld und gehen diesen gedanklich schon vorher durch. Das gilt auch für andere bedeutende Ereignisse, wie Hochzeiten, Geburtstage, Konzertbesuche oder Jobwechsel. Menschen mit angewachsenen Ohrläppchen sind wesentlich spontaner und brauchen in der Regel auch mehr Abwechslung im Urlaub.

Zusätzlich zu den Erwartungen vergleicht der Mensch häufig den Urlaub mit bereits vergangenen Reisen oder Aufenthalten. Dieser permanente Vergleich endet meist erst nach ein paar Tagen. Erst dann setzt die Urlaubserholung ein und erst dann kann eine Art Urlaubsflow entstehen.

Erwartung und Vergleich sind Flow-mindernd!

Es ist nicht nur mit Urlauben so. Ein neuer Partner, ein neuer Job, ein neues Auto: Der Vergleich mit der Vergangenheit drängelt sich permanent auf.

Wer sich gerade selbst in dem Vergleichsphänomen beim Urlaub wiederfindet, dem kann ich den Tipp geben, dass er nicht während seiner aktuellen Reise den nächsten Urlaub gebucht haben sollte. Denn kaum ist der Vergleich mit alten Urlauben abgeschlossen, drängelt sich der nächste Gedanke auf. „Im nächsten Urlaub wird es ja dann so und so sein" – viele kennen das.

Gedanken an Vergangenheit und Zukunft sind Flow-mindernd!

Der Arbeitsplatz und Hintergrundmusik

Was siehst du, während du arbeitest?

Ein aufgeräumtes oder unaufgeräumtes Umfeld? Egal ob Werkstatt, Büroarbeitsplatz oder Auto. Ist die Arbeitsumgebung nicht aufgeräumt, verarbeitet das Gehirn in jeder Sekunde Informationen, die nicht sein müssten. Selbst wenn dich Unordnung nicht stört, in den Flow wirst du im aufgeräumten Umfeld leichter kommen.

Ein unaufgeräumtes Umfeld ist Flow-mindernd!

Wenn du kein Meister des Aufräumens bist und Dinge bei dir keinen festgelegten Platz haben, so nimm eine Kiste und lege alles hinein, was du in den nächsten Stunden nicht unmittelbar brauchst. Dann stelle die Kiste aus deinem Sichtfeld. Nimmst du zwei Kisten und unterscheidest beim Inhalt zwischen Dingen, die du in den nächsten Stunden und nächsten Tagen nicht mehr brauchst, wirst du die Tageskiste möglicherweise nie wieder öffnen (außer um weitere Dinge dort hineinzulegen) und hast aufgeräumt. Deiner Konzentration wird es unbewusst guttun.

Was hörst du, wenn du arbeitest?

Hinsichtlich der Hintergrundmusik scheiden sich die Geister. Ein Radio bei der Fahrt oder in der Werkstatt kann eine willkommene Ablenkung von langweiliger Arbeit sein. Bist du jedoch bei der Arbeit im Flow, hörst du vermutlich ohnehin nicht mehr hin. Ob die Musik dich erst in den Flow gebracht hat, hängt häufig von der Art der Musik ab oder davon, zu welchem Typ Mensch du gehörst. Manche können keine absolute Stille ertragen, wenn sie körperlich oder geistig tätig sind. Sie brauchen Hintergrundgeräusche, egal welcher Art.

Doch was spricht dagegen, es ohne Musik einfach mal auszuprobieren? Es gibt Experimente, bei denen man seine Komfortzone deutlich weiter verlassen müsste, als nur mal eben eine Stunde lang ohne Musik zu laufen, Auto zu fahren, zu puzzeln, zu basteln oder zu putzen. Sich von der Couch zu erheben, um spazieren zu gehen und das Handy eine Stunde auszuschalten – wir wissen vom Verstand her, dass uns das eigentlich guttut. Die Komfortzone zu verlassen, ist aber häufig nicht einfach. Hintergrundmusik abzustellen, ist einfach, doch wir glauben nicht an den Effekt, wenn es doch Spaß macht, sie zu hören. Doch Vorsicht! Fernsehen macht auch Spaß, vertreibt in Wirklichkeit jedoch nur unterhaltsam die Zeit. Es nimmt das Denken ab – das ist aber ein Aspekt, der für den Flow existenziell ist. Wir müssen unterscheiden: Möchten wir unterhalten werden, um Zeit zu vertreiben? Oder möchten wir eine Tätigkeit konzentriert, mit Hingabe und mit Freude durchführen?

Unterhaltung und Flow dürfen nicht miteinander verwechselt werden.

Die negative Fremdbestimmung

Wenn der Körper sich im sportlichen Flow-Zustand befindet, so liegt die Herzfrequenz bei ungefähr 130 Schlägen pro Minute (bmp – beats per minute). Wie ich darauf komme? 130 liegt in der Mitte zwischen dem Ruhepuls (70-80 bpm, abhängig vom Alter) und dem Puls bei höchster körperlicher Erregung, also wenn wir sprichwörtlich auf 180 sind. Gleichzeitig ist der Bereich um die 130 Schläge bei vielen Menschen auch der Fettabbaupuls bei körperlicher Betätigung. Hier wird also nicht kurzfristig auf die Superdroge Kohlenhydrate zugegriffen, sondern auf langfristige, aber ergiebigere Energiespeicher.

Wenn du auf der Suche nach Jogging- oder Aerobic-Musik bist, wirst du vielleicht feststellen, dass die Musik sich hier meistens um die 130bpm bewegt. Ziel ist es, in den Flow zu kommen. Wenn uns äußere Einflüsse wie Musik auf die 130bpm bringen können, so kann alles, was unsere Herzfrequenz von 130bpm abbringt, Flowmindernd sein.

Ich war einmal nachts joggen und trug dabei eine Grubenlampe auf dem Kopf. Da die Batterie nur wenige Stunden hält, wenn die Lampe ununterbrochen leuchtet, habe ich sie auf den Blinkmodus gestellt. Ziel war es, die Laufzeit der Batterie zu verlängern. Ich lief und lief und war ein wenig genervt von dem Blinken. Aber ich bin öfters am Anfang einer Joggingeinheit von etwas genervt: der Schlüssel in der Tasche, das Nieselwetter, Schuhe, die scheinbar nicht 100-prozentig sitzen; doch sobald ich im Flow bin, ist alles vergessen. Nur das Blinken hörte nicht auf zu nerven, und dazu kam ich einfach nicht in den Flow. Nach 25 Minuten stellte ich das Blinken ab, und zack, es dauerte vielleicht 60 Sekunden und ich war im Flow.

Hierzu könnte es zwei Theorien geben. Erstens: Mich lenkte etwas ab, was mich richtig doll nervte, doch das macht der klappernde

Schlüssel in der Tasche auch. Zweitens, und diese Theorie ist wahrscheinlicher: Die Frequenz des Blinkens war deutlich langsamer als 130bpm und hielt mich ständig vom Flow ab. Ich bin sicher, es war Letzteres. Hätte ich langsame Musik gehört, hätte das Gleiche passieren können.

Gehen wir vom Sport weg und wenden uns dem Stricken, Basteln oder Autofahren zu. Es mag entspannend sein, dabei schöne Weihnachtsmusik oder andere ruhige Stücke zu hören. Es ist auch völlig in Ordnung, wenn wir uns dabei entspannen oder unterhalten wollen. Doch wollen wir in den Flow, ist das der falsche Weg, wie ich bereits beim Thema Hintergrundmusik erläutert habe.

Alles, was unseren Körper deutlich von 130 Schlägen die Minute abbringt, ist Flow-mindernd für sportliche Aktivitäten!

Die Fremdbestimmung kann auch von ganz anderer Seite kommen. Da wäre beispielsweise ein striktes Zeitlimit für eine Aufgabe. Die Zeit mag mit einem Limit vielleicht schnell vergehen, doch ein Limit verursacht Stress und mindert Glücksgefühle. So kann eine Autofahrt nicht im Flow-Zustand stattfinden, wenn Termindruck herrscht. Gemeinsames Joggen oder Wandern hilft dabei, den inneren Schweinehund zu überwinden, doch für Flow kann es kontraproduktiv sein, falls andere die Geschwindigkeit vorgeben oder gar durch Gespräche von der inneren Ruhe (Alpha-Zustand) ablenken.

Ein Team-Flow ist etwas wirklich Großartiges und möglicherweise sogar viel intensiver, als wenn man ihn allein erlebt, doch er entsteht nicht dadurch, dass eine Gruppe von Menschen exakt das Gleiche macht. Er entsteht, weil jeder seine Aufgabe hat und man selbst im Flow-Modus seinen Teil zum Gesamtwerk erbringt. Sind alle Teammitglieder im Flow, so schaffen es Underdogs auch, die Favoriten zu schlagen.

Wenn ich Kohlen in eine Schubkarre schippe, die ein anderer wegfährt und entlädt, kann mein Flow-Erlebnis zerstört werden, weil andauernd das andere Teammitglied wieder mit dem leeren Behälter dasteht und somit die Geschwindigkeit bestimmt. Sind aber das andere Teammitglied und ich in der gleichen Geschwindigkeit unterwegs, kann auch hier neben dem eigenen Flow der intensive Team-Flow entstehen.

Es geht bei der negativen Fremdbestimmung nicht nur um Ablenkung. Die Fremdbestimmung der Geschwindigkeit kann dafür sorgen, dass die Aufgabe nicht den richtigen Herausforderungsgrad hat, was aber ein Kernelement des Flows ist.

Bei Tätigkeiten zu zweit können Flow-Erlebnisse dann auftreten, wenn beide sich nach einer gewissen Zeit auf den richtigen Takt einpendeln – also gemeinsam den richtigen Grad an Herausforderung finden, der beide nicht über- oder unterfordert. Finden beide nicht den richtigen Takt, sind sie für den jeweils anderen Partner eine negative Fremdbestimmung.

Zusammenfassung

In diesem Kapitel haben wir gelernt, dass Ablenkung körperlicher, geistiger oder externer Natur sein kann und einen möglichen Flow verhindert.

Externe Ablenkungen sind Menschen in deinem Umfeld, beispielsweise Kinder oder Arbeitskollegen.

Dass Erwartungen und Vergleiche auch Ablenkungen sein können, ist nicht naheliegend, wurde aber anhand von Urlaub oder Jobwechsel aufgezeigt.

Dinge, die unseren Herzrhythmus weit von 130bpm abbringen, können auch Flow-mindernd sein, wenn wir Sport machen. So kann uns das Hören der falschen Musik bei einer Tätigkeit aus dem Flow-Rhythmus bringen.

Die Fremdbestimmung in Form eines Taktgebers kann dazu führen, dass der für den Flow nötige Herausforderungsgrad verlassen wird. Doch Fremdbestimmung muss nichts Negatives sein. Sie kann den Flow-Zustand auch begünstigen. Aus diesem Grunde werde ich im nächsten Kapitel Flow-fördernde Umstände aufzeigen.

Was den Flow begünstigt

Die positive Fremdbestimmung

Wenn uns Taktgeber von außen daran hindern können, in den Flow zu kommen, können sie uns umgekehrt vielleicht auch in den Flow bringen?

Es gibt Musik im Takt von 130bpm, die über verschiedene Videokanäle oder Apps abgespielt werden kann. In der Regel handelt es sich dabei um Musik, die für Aerobic oder Joggen gedacht ist. Natürlich wollen wir bei diesen Aktivitäten schnell in den Flow-Takt kommen, die Anstrengung vergessen und uns gut fühlen.

Als ich einmal im Sommerurlaub am Strand lag und ein Buch las, kam ich einfach nicht in den Flow. Dauernd wanderten meine Blicke vom Buch ab, mich störten Lichtverhältnisse und auch Gespräche im Hintergrund. Dann wechselte ich zum Hotelpool, übte die gleiche Tätigkeit aus und war in der Lage, mir Notizen zu machen und kreativ zu sein – ich war im Flow. Aber was war der Unterschied?

Als ich am Pool lag, lief im Hintergrund Aerobicmusik (aufgrund einer Animation). Nicht das Meeresrauschen, sondern die 130bpm-Musik war mein Taktgeber. Es waren dasselbe Licht und die gleiche Liege, welche mein Umfeld darstellten. Das brachte mich auf die Idee, auch bei anderen Tätigkeiten, die nichts mit Sport zu tun hatten, diese Musik zu hören.

In den ersten Minuten hört man noch die Musik. In dem Augenblick, in dem man nicht mehr zuhört, beginnt in vielen Fällen der Flow. Die Ausprägung muss nicht unbedingt tiefere Konzentration sein. Für solche Fälle würde ich die absolute Stille bevorzugen. Wir erinnern uns an die Aufnahmefähigkeit von 126 Informationen pro Sekunde. Hintergrundmusik könnte hier bereits wertvolle Ressourcen wegnehmen. Der Flow kann seine Ausprägung auch in der Hinsicht zeigen, dass alles leichter scheint, eigentlich langweilige Tätigkeiten schneller vergehen oder einfach die Laune steigt.

Befinden wir uns in einem Umfeld, in dem konzentriert gearbeitet wird, beispielsweise ein Prüfungsraum, so kann die Atmosphäre uns in einen konzentrierten Flow-Zustand bringen, selbst wenn wir diejenigen sind, die nicht die Prüfung schreiben müssen.

Hast du schon einmal eine Prüfung gehabt, in der die Aufsichtsperson nicht wie ein Schießhund aufgepasst hat und zum Zeitvertreib ein Buch las? In der Schule bestimmt. Die Lehrer waren sicher dabei im Flow. Sie waren durch die Atmosphäre fremdbestimmt.

Bibliotheken sind häufig ein guter Raum für Flow. Die Bücher und Ruhe um einen herum schaffen nicht nur die richtige Atmosphäre – sie können auch die Kreativität steigern, denn das Lesen von Buchtiteln bringt dich auf neue Ideen, Interessen oder Gedanken.

Häufiger Flow

Es ist ziemlich simpel: Wer, wenn er seine Lieblingstätigkeit ausführt, oft im Flow ist, erlebt schneller ein Flow-Erlebnis, auch bei einer Sache, bei der er es nicht erwartet.

Egal, ob es Sport, Musizieren, Malen, Dichten, Schreiben, Gartenarbeit oder Häkeln ist, also Tätigkeiten, bei denen du ohne Fremdbestimmung und selbst mit ablenkendem Umfeld leicht in den Flow-Zustand kommst: Übst du diese Tätigkeiten wenigstens zweimal die Woche aus, wirst du generell schneller in den Flow kommen.

Während des Flows baust du Stress (also Cortisol) ab, wirst glücklicher, ausgeglichener und steigerst dein Selbstvertrauen. Damit baust du Dinge ab, die dich bei anderen Tätigkeiten daran hindern

(Stress und negative Gedanken), Flow zu erleben.

Viele vergangene Flow-Erlebnisse begünstigen zukünftige Flow-Erlebnisse!

Doch Vorsicht mit Dingen, die uns in einen negativen Flowzustand bringen, also mit schlechten körperlichen Auswirkungen einhergehen und Suchtcharakter haben! Das Spielen am Computer wird uns nicht helfen, bei sportlichen Aktivitäten in den Flow zu kommen.

Wenn uns Dinge beim Durchführen von der ersten Sekunde an in einen Rausch bringen, ist das nicht der positive Flow. Der positive Flow entsteht erst nach einer gewissen Dauer, oft 10-15 Minuten.

Die Tageszeit

Cortisol ist ein Stresshormon, was zunächst einmal negativ klingt. Wir brauchen es jedoch, um morgens überhaupt aus dem Bett zu kommen. Es wird auch benötigt, damit wir uns konzentrieren können. Allerdings darf der Cortisolspiegel nicht zu hoch sein, denn dann werden wir krank oder unkonzentriert.

Am besten ist es, wenn sich der Cortisolspiegel langsam aufbaut. Dann ist unser Körper in der richtigen Verfassung für Flow.

Wenn wir morgens aufwachen, ist der Cortisolspiegel in der Regel niedrig und baut sich dann allmählich auf. Stehen wir morgens auf, schaffen es, ohne Kaffee wach zu werden, und essen etwas Leichtes – so haben wir den perfekten Startpunkt für Flow. Wir sind nicht durch Erlebnisse des Tages abgelenkt, wir haben unseren Dopaminspiegel noch nicht nach oben geschossen. Wir sind nicht mehr müde und der Cortisolspiegel steigt.

Du kannst dir kein Aufstehen ohne sofortigen Kaffee vorstellen? Trinke direkt nach dem Aufstehen ein bis zwei Gläser Wasser! Du gleichst damit nicht nur sofort den Flüssigkeitsverlust der Nacht aus, sondern dein Körper wird das Wasser verarbeiten müssen und bringt so deinen Kreislauf in Schwung. Damit kann das Verlangen nach Kaffee schon nachlassen.

Wenn du sehr früh aufstehst, um eine lange Autofahrt in den Urlaub anzutreten, wirst du beim Fahren viel eher in den Flow kommen, als wenn du abends fährst. Die Zeit wird höchstwahrscheinlich schneller vergehen.

Es ist mir bewusst, dass es Menschen gibt, die früh nicht in Form kommen und die ohne Kaffee niemals richtig wach werden – allein deshalb, weil sie Nachteulen sind. Umgekehrt können Frühaufsteher am frühen Abend eine kreative Phase haben, ohne es zu wissen – weil sie es nie ausprobiert haben.

Wann die beste Tageszeit für Flow ist, muss jeder für sich selbst ausprobieren. Doch wichtig ist, dass es getestet wird. Eine Nachteule kann sich nicht vorstellen, morgens um sechs Uhr freiwillig den Wecker klingeln zu lassen. Doch es ein- oder zweimal auszuprobieren, kann nicht schaden.

Der Dopaminspiegel

Es ist ein tolles Gefühl, wenn der Dopaminspiegel steigt und die Endorphine uns in einen Glücksrausch versetzen.

Hat der Auslöser des Dopaminschubs unmittelbar mit einer Tätigkeit zu tun, die wir im Flow erleben wollen, kann der Flow-Zustand begünstigt werden.

Ebenso wie Cortisol ist ein kontinuierliches Ansteigen des Dopaminspiegels Flow-fördernd.

Das macht Sinn, wenn wir uns an die Flow-Theorie zurückerinnern, die besagt, dass wir Rückmeldungen brauchen. Die Rückmeldung ist genau das, was uns im Flow glücklich macht, unseren Dopaminschub also auslöst. Solange der Schub stückweise kommt, haben wir die Chance, den Flow lange zu erleben. Das gilt auch für den großen Flow.

Der Klassiker für große Flows ist das Fitnessstudio, welches ich im Anfangskapitel bereits erwähnt habe. Ich beschreibe es für den Fall der Männer, die das Studio für den Muskelaufbau aufsuchen, denn hier ist es klarer.

Männer, die ihre Muskeln aufbauen wollen, erleben in den ersten 4-6 Wochen Erfolge in Form eines Kraftzuwachses, ohne dass man es ihnen körperlich ansieht. Die Koordination wird besser, und die stärkere Durchblutung sowie sicherlich auch der Wille, neue Höchstleistungen zu vollbringen, helfen dabei, Erfolge zu erleben. Insbesondere wenn nach dem Training kein Muskelkater mehr tagelang quält. Die stärkere Durchblutung führt dazu, dass die Muskeln sich hart anfühlen, auch wenn äußerlich noch nichts sichtbar ist.

Der Kraftaufbau motiviert, er gibt eine schnelle Rückmeldung, das Ziel ist klar, und durch die individuelle Gewichtswahl bei den Hanteln droht auch keine Über- oder Unterforderung (alles perfekt für den Flow). Die Rückmeldung in Form des Kraftzuwachses löst hier das Dopamin aus.

Wenn Anfänger am ersten Trainingstag keine 60 Kilogramm beim Bankdrücken schaffen und nach sechs Wochen dieses Gewicht fünfmal hintereinander stemmen, sprudeln die Endorphine. Es wirkt tagelang, die Freude auf den nächsten Besuch ist da – der große Flow ist aktiviert.

Nach sechs Wochen lassen die Erfolge etwas nach. Dann geschieht aber etwas ganz anderes: Es sind erste Muskeln zu sehen, und neben weiteren Dopaminschüben entfaltet auch das Testosteron seine Wirkung. Die Männer werden selbstbewusster und risikobereiter, einfach männlicher.

Doch nach einigen Monaten lässt der sichtbare Muskelaufbau und Kraftzuwachs nach. Es geht nur noch sehr langsam vorwärts. An dieser Stelle wird es gefährlich für den großen Flow. Das Training wird meistens aufgegeben, oder manchmal wird gar mit ungesunden Mitteln (Anabolika) nachgeholfen. Die Sucht nach Dopamin wird hier zur Falle, und sie wird den großen Flow beenden.

Was lernen wir daraus? Wir müssen uns zwingen, den Dopaminspiegel langsam zu steigern. Nur so sind wir lange im Flow, und das Endresultat ist unterm Strich besser, als wenn wir das Erlebnis zwar intensiver, aber zu kurz hatten.

Konkret bedeutet dies:

Wir gehen maximal zweimal pro Woche ins Fitnessstudio, auch wenn wir in den ersten Wochen gerne viermal dort sein möchten. Lieber erleben wir an fünf Tagen in der Woche die Vorfreude auf das nächste Training und werden dafür den großen Flow ein ganzes Jahr erleben und nicht nur wenige Monate. Die Vorfreude ist das beste Mittel zur langsamen Steigerung des Dopaminspiegels.

Wer abnehmen möchte und einen Weg gefunden hat, der ihn nicht zu sehr aus der Komfortzone hebt, sollte es auch hier langsam angehen lassen. Die Bewunderung der Mitmenschen („Du hast aber schön abgenommen") lässt den Dopaminspiegel ansteigen und macht süchtig. Irgendwann lassen die Bewunderungen jedoch nach – hier bricht der Flow schnell ab.

Nicht immer können wir die Dopaminauslöser beeinflussen. Wer auf der Karriereleiter schnell aufsteigt oder als Verkäufer in hoher Geschwindigkeit gute Zahlen vorweisen kann, dem kann ein Ausbremsen bei der Erreichung des Gesamtziels nachhaltig schaden. Wenn die Türen zum Karriereaufstieg offen stehen, sollte man auch hindurchgehen, sofern man eine Karriere als Ziel hat. Man weiß nie, ob später eine weitere Tür aufgeht. An dieser Stelle hilft es nur, eine gesunde mentale Einordung des Erreichten zu vollziehen. Es muss einem bewusst sein, dass die Geschwindigkeit nicht selbstverständlich ist und es auch wieder andere Zeiten geben wird.

Wenn uns das gelingt, können wir auch damit glücklich sein, unser Karrierelevel einfach nur halten zu können. Der Dopaminspiegel bewegt sich dann auf einem vernünftigen Niveau, also auf einem Level, von dem er wieder steigen und Flow-Erlebnisse bescheren kann.

Für Verliebte bedeutet das: nicht zu schnell alles angehen, auch wenn es schwerfällt. Wer sofort zusammenzieht, sich jeden Tag sieht und schnell heiratet, kann zwar sein Leben lang mit dem Partner glücklich sein (wenn es der Richtige ist), doch die Verliebtheitsphase geht dann schneller vorbei, da die Dopaminschübe mit voller Wucht gleich am Anfang kommen.

Können wir hieraus etwas für den kleinen Flow mitnehmen? Versucht, Dopaminschübe zu vermeiden, bevor ihr eine Tätigkeit ausübt, in der ihr unbedingt im Flow sein wollt. Es spricht viel dafür, diese Tätigkeiten früh nach einem leichten Frühstück auszuführen, wenn der Körper noch keine Dopaminschübe hatte – also noch kein besonders leckeres Essen, keine übermäßige Social-Media-Tätigkeit und vielleicht auch keinen Sex – oder zumindest nicht alles auf einmal.

Nach dem Flow-Erlebnis kannst du gerne etwas Leckeres essen und dich belohnen. Doch möglicherweise hast du nach dem Flow gar keine Lust auf Leckeres oder Social Media. Die Sucht nach ständig neuen Dopaminschüben lässt nach, weil der Spiegel im Flow meistens langsam steigt, es gibt somit noch einen sehr angenehmen Nebeneffekt.

Ernährung

Es gibt tatsächlich Flow-Food, also Lebensmittel oder Nahrungsergänzungsmittel, die uns dabei helfen, uns zu konzentrieren und Höchstleistungen zu vollbringen.

Doch wer glaubt, einen Riegel zu essen und sich dann im Flow zu befinden, der irrt. Denn der Riegel unterstützt einen Baustein, nämlich die Konzentrationsleistung. Der Riegel gibt uns aber weder Rückmeldungen, noch reguliert er den Schwierigkeitsgrad einer Tätigkeit, und vor Ablenkung schützt er uns auch nicht.

Ernährung ist dennoch ein wichtiger Aspekt, wenn wir Voraussetzungen schaffen wollen, die uns ein leichtes Abgleiten in den Flow ermöglichen. Folgendes sollte beim Wocheneinkauf nicht fehlen:

Vollkornprodukte

Vor dem geplanten Flow sollten wir Vollkorn essen, denn das lässt den Insulinspiegel nicht so stark nach oben schießen wie Weizenprodukte und hält uns länger satt. Dass wir die Vollkornprodukte nicht mit Schokoladenaufstrich essen sollten, versteht sich von selbst.

Bananen

Sie sind gut für den Serotoninspiegel. Der Fruchtzuckergehalt ist jedoch hoch, weshalb sie für einen hohen Blutzuckerlevel verantwortlich gemacht werden. Da der Anstieg jedoch langsam vonstattengeht, wird der Flow hierdurch nicht beeinträchtigt. Hingegen würde beim Schokoriegel der Anstieg raketenartig stattfindet und der darauffolgende Absturz uns aus dem Flow bringen.

Nüsse

Wer Nüsse oder Studentenfutter zu sich nimmt, braucht keinen teuren Flow-Food-Riegel. Denn Nüsse sind als Konzentrationslieferanten völlig ausreichend.

Heidelbeeren und Äpfel

Beide Obstsorten sind zwar keine Flow-Lieferanten, jedoch die effektivste Basis für ein gesundes Leben.

Heidelbeeren gehören zu den besten Früchten gegen freie Radikale, also Stoffwechselprodukte, die unsere Zellen altern und möglicherweise Krebs infolge schädlicher Umwelteinflüsse entstehen lässt.

Der Apfel gilt als die perfekte Vitaminbombe und Booster für unsere Abwehrkräfte.

Getränke

Nummer eins ist das Wasser, welches unser Gehirn am besten arbeiten lässt, gefolgt vom ungesüßten Tee.

Doch bei Tee wie Kaffee ist Vorsicht geboten. Beide sind anregend und können einen Abfall der Anregung nach sich ziehen, wenn deren Wirkung nachlässt.

Zusammenfassung

Positive Fremdbestimmung kann unseren Flow fördern oder ihn sogar hervorrufen. Wir merken uns den Flow-Takt von 130bpm für körperliche Aktivitäten, die Prüfungsatmosphäre oder Teammitglieder, mit denen wir das gemeinsam angenehme Herausforderungslevel herauszufinden versuchen und somit Team-Flow erleben können.

Der Dopamin- und Cortisolspiegel sollte für Flow langsam steigen. Dopamin entsteht durch Glücksauslöser, Cortisol durch Stress. Beide sind notwendig für unser Leben und beide können vom Level tageszeitabhängig sein.

Da außerdem der Blutzuckerspiegel nur sehr langsam steigen sollte, ist eine gesunde, zuckerfreie Ernährung vor dem geplanten Flow wichtig.

Nun habe ich aufgezeigt, wie Flow entsteht, was ihn hindert und was ihn fördert. Im nächsten Kapitel möchte ich ein paar Tricks aufzeigen, die im besten Fall AHA-Effekte auslösen. AHA-Effekte haben den Vorteil, dass sie sich leichter einprägen und kleine Dopaminschübe auslösen. Ich möchte, dass du mehr Flow in deinem Leben erreichst. Wenn dir im Alltag meine Tricks wieder einfallen und du dann ein wenig an den Stellschrauben deines Lebens drehst, kannst du mit mehr Flow rechnen.

Tricks und Tipps,
um den Flow herauszufordern

Innere Stimme

Wenn du ohne Zeitdruck und ohne konkretes Ziel mal in der Natur umherschlenderst, kannst du kreativ und konzentriert Gedanken fassen. Du kannst dabei auch einen Podcast oder Musik hören, das sollte aber der einzige künstliche Umweltfaktor sein.

Du schaffst hier gute Voraussetzungen für zwei wichtige Säulen des Flows.

Wenn du ohne konkretes Ziel umherschlenderst, hörst du auf deine innere Stimme. Damit ist keine Unter- und auch keine Überforderung gegeben. Die Tätigkeit hat den perfekten Schwierigkeitsgrad für Flow.

Lässt du maximal Musik auf deinen Ohren zu, fehlt die Ablenkung – du bist fokussiert, die nächste Säule für den Flow.

Versuche dabei außerdem, keinen heißen Kaffee zu halten. Der Gedanke, ihn trinken zu müssen, bevor er kalt ist, lenkt ab. Solltest du in den Flow geraten, wird er wahrscheinlich kalt, denn dann hast du ihn vergessen. Spaziere auch nicht an Stellen, wo du permanent eine Straße überqueren und auf den Verkehr achten musst.

Auf die Säulen Schwierigkeitsgrad und Fokussierung kann jetzt die dritte Säule, die Rückmeldung, folgen. Unter Rückmeldung ist zu verstehen, dass dir im Flow beim Schlendern Ideen und viele Gedanken kommen. Vielleicht löst du aber auch keine Probleme, sondern verarbeitest deinen Tag oder malst dir zukünftige Ereignisse aus.

Wenn du durch das Nachdenken das eigentliche Schlendern vergisst oder den Drang hast, noch weiterzulaufen, dann hast du definitiv den Flow aktiviert.

Unabhängig davon, in welcher Tätigkeit du in den Flow kommen willst: Hast du bei der Aufgabe die Chance, deiner inneren Stimme zu folgen, ist das gut.

Wenn du ein Instrument beherrscht, schlage ein Notenbuch auf. Dann blätterst du durch und spielst nur das, was dir gerade in den Sinn kommt, du hältst dich an keine Reihenfolge, sondern an deine innere Stimme.

Puzzelst du gerne? Dann starte mit den Bereichen des Puzzles, die dir in den Sinn kommen.

Beim Malern kannst du in der Mitte der Wand starten, wenn dir gerade danach ist.

Einfach mal von hinten anstatt von vorne anfangen, wenn es für die Tätigkeit keine Rolle spielt.

Hauptsache du hörst auf deine innere Stimme. Das ist perfekt für die Balance zwischen Unter- und Überforderung.

Am Lerntyp orientieren

Es gibt drei Lerntypen, die ich dir im Folgenden vorstellen möchte.

Menschen, die durch das bloße Zuschauen oder Lesen lernen können, sind visuelle Lerntypen.

Erlernst du Dinge leichter durch das Zuhören, bist du ein auditiver Lerntyp.

Die dritte Variante des Lernens ist das Lernen durch Anfassen, hier geht es um den haptischen Lernstil. Anfassen kann auch Aufschreiben bedeuten.

Meistens befindet sich der Mensch in einer Mischform von diesen drei Varianten, genau wie er vom Charaktertyp her selten rot, grün oder blau ist.

Du stellst fest, dass du alles, was du aufschreibst, sofort auswendig kannst, ohne die eigenen Notizen noch einmal einzusehen? Du lernst die Bedienung einer Software am schnellsten, indem dir jemand sagt, was zu klicken ist, und du es dann selbst durchführst? Dann bist du der haptische Typ und solltest das berücksichtigen, wenn du mehr Flow erleben möchtest. Dann solltest du für mehr Flow eine Bewegung ausführen, falls sie nicht ohnehin in der Sache an sich inkludiert ist (Lesen, Schreiben, Stricken, Musikinstrument spielen, Sport). Beim Telefonieren umherlaufen, zur Lösungssuche beim Spazierengehen nachdenken, ein Fingerspielzeug während der Büroarbeit in den Händen halten.

An der Stelle sei der Einschub erlaubt, dass das Schreiben von Spickzetteln vor einer Prüfung für bestimmte Lerntypen eine tolle Prüfungsvorbereitung sein kann. Natürlich sollten aber Spickzettel während der Prüfung nicht verwendet werden. Manch einer lernt den Stoff allein indem er den Zettel schreibt (der Haptiker), und ein anderer kann den Spickzettel durch Lesen auswendig lernen (der Visuelle).

Wenn du ein grafisches Gedächtnis hast und somit mehr visuell veranlagt bist, sollte dein Fokus auf dem optischen Umfeld liegen. Der aufgeräumte Schreibtisch ist hier wichtiger als beim haptischen Typ. Das kann genauso für Farben oder Pflanzen in deinem Arbeitsplatzumfeld gelten.

Der auditive Typ braucht in der Regel für Aktivitäten, die nicht mit Akustik zu tun haben (Basteln, Aufräumen, Sport), Hintergrundmusik. Hier kann es wichtig sein, was er hört. Mit 130bpm Musik werden seine Chancen auf Flow steigen.

Die Taktvorgabe

Herzschlag

Ungefähr 130 Schläge pro Minute – das sollte das Ziel für unseren Herzschlag bei sportlichen Aktivitäten sein. Im Flow kommen wir ganz von selbst dorthin. Wir regulieren beim Joggen oder Spazieren automatisch die Geschwindigkeit. Deshalb ist Training auf dem Laufband für Flow nicht so gut geeignet. Wir müssten immer wieder die Geschwindigkeit manuell regulieren, was für Ablenkung sorgt. Es kann aber funktionieren, wenn wir bei niedriger Laufband-geschwindigkeit gehen und dabei nachdenken, etwas lesen oder hören. Die eigentliche Tätigkeit ist hier gar nicht das Spazieren, sondern das Denken, Lesen oder Hören. Es wird durch die Bewegung und die daraus resultierende gute Durchblutung gestärkt.

Wenn wir Musik hören, läuft diese idealerweise im Bereich von 130 bpm. Es gibt Radiosender, die nur Workout-Musik anbieten, diese hat genau die richtige Flow-Schlagzahl.

Höre doch mal beim Autofahren diese Musik. Vielleicht vergeht die Zeit jetzt viel schneller. Möglicherweise macht jetzt sogar das Putzen Spaß.

Beim Sport hilft die externe Taktvorgabe dabei, schneller in den Flow zu kommen. Ich selbst brauche sie nur die ersten 10 Minuten, danach höre ich ohnehin nicht mehr auf die Musik. Dann kann ich mich sogar, trotz Musik, auf Dinge konzentrieren, bei denen ich normalerweise immer absolute Stille brauche.

Die richtige Fremdbestimmung

Wenn du in einer Kolonne fährst, beispielsweise bei einer Radtour oder auch mit Freunden verteilt auf mehrere Autos, kann für den Team-Flow entscheidend sein, wer vorne ist und den Takt vorgibt.

Hier heißt es: wechseln und ausprobieren. Jeder sollte mal der Taktvorgeber sein, und danach muss jedes Teammitglied ehrlich eingestehen, bei welchem Führenden der Team-Flow am besten war. Es gibt immer einen, dem es zu langsam oder zu schnell geht. In der Regel wird es am besten sein, wenn der Langsamste vorne ist. Die hinteren Teilnehmer sind zwar körperlich dann nicht ausgelastet, sind aber dem erhöhten Schwierigkeitsgrad ausgesetzt, weil sie jemandem folgen müssen und nicht verlieren dürfen. Damit steigt das Herausforderungslevel, und die Chance auf ein gemeinsames Team-Flow-Erlebnis ist da.

Messgeräte ausschalten?

Der Kilometerzähler am Auto, Rad oder in der Laufuhr ist eine zweischneidige Sache. Einerseits gibt er Rückmeldungen dahingehend, wie viel Strecke geschafft ist, andererseits zeigt er am Anfang deprimierend an, wie viel Strecke noch vor einem liegt, und zusätzlich lenkt er ab. Im Flow-Zustand schaust du ohnehin nicht mehr darauf und vergisst ihn, also wirst du dir in der Regel dieses Mittel zur Rückmeldung sparen können.

Es gibt kein Richtig oder Falsch. Vielleicht hat der Kilometerzähler keinen Einfluss auf deinen Flow, vielleicht ist es die geplante Ankunftszeitberechnung deines Autonavigators, die dich aus dem Takt bringen kann, insbesondere dann, wenn sie sich immer weiter nach hinten schiebt.

Der Navigator ist im Übrigen ein großes Risiko für Flow. Er gibt eine Art Takt vor und lenkt dich durch seine Befehle immer wieder ab. Kennst du die zu fahrende Strecke ohnehin, dann stelle ihn ab, wenn du mehr Flow beim Fahren haben möchtest.

Ergebnisvisualisierung

Rückmeldungen sind ein wichtiges Element, wenn es um den Flow geht, denn sie schütten Dopamin aus, machen glücklich und treiben uns an. Deshalb ist es wichtig, dass wir dafür sorgen, ein Ergebnis auch zu sehen – also zu visualisieren.

Doch Vorsicht: Zu Beginn deiner Tätigkeit kann es auch das Gegenteil bewirken. Wenn du 1000 Kilometer mit dem Auto zu fahren hast, so wird es dich nicht in den ersten 30 Minuten nicht unbedingt motivieren, auf die bereits geschafften Kilometer zurückzublicken. Hast du bereits 900 Kilometer hinter dir, sieht ein Rückblick schon anders aus. Nicht umsonst gibt es in der Gesellschaft häufig Bergfeste, also eine Feier, wenn die Hälfte eines Großprojektes geschafft ist, beispielsweise ein Studium oder auch der Bau eines Hauses.

In der ersten Zeit einer Tätigkeit wirst du angetrieben von der Tatsache, dass du sie ausüben musst. Hier lege keinen Fokus auf das, was du bereits erreicht hast, sondern freue dich darüber, dass du überhaut angefangen und somit vielleicht deinen inneren Schweinehund überwunden hast. Empfundenes Glück ist immer eine Sache der Wahrnehmung.

Übrigens

Das beste Beispiel für unterschiedliche Wahrnehmung ist die Verliebtheitsphase. Man spricht von der rosaroten Brille, durch die Verliebte sehen. Jede Eigenschaft des Partners wird als positiv wahrgenommen. Später ändert sich die Wahrnehmung. Die gleichen Eigenschaften können plötzlich nervig sein.

So verhält es sich auch mit Glück. Eine Gehaltserhöhung von fünf Prozent macht glücklich, wenn die restlichen Kollegen nur zwei Prozent bekommen haben. Haben die Mitstreiter aber zehn Prozent erhalten, so wird die Gehaltserhöhung als Pech wahrgenommen.

Freust du dich darüber, dass du mit einer Tätigkeit angefangen hast, so nimmst du dieses Ereignis positiv wahr. An dem Punkt, an dem die Freude über den Start versiegt, bist du im besten Fall schon in einer Art Mini-Flow. Wenn du dann vom Gefühl her schon etwas geschafft hast, dann schaue dir das Ergebnis an. Fährst du Auto, schaue auf die bereits gefahrenen Kilometer. Schreibst du ein Buch, schaue auf die Anzahl der bis zu diesem Zeitpunkt geschriebenen Wörter. Joggst du, betrachte die Dauer oder die Strecke. Das Gleiche gilt für das Wandern, hier können Schrittzähler Rückmeldungen geben. Streichst du ein Zimmer, schaue dich um, wie es aussieht, und visualisiere, wie das Endergebnis sich darstellen könnte. Spielst du ein Instrument, schaue, wie viele Stücke du bereits vertont hast.

Je weiter der Fortschritt, desto stärker schaue auf das bereits Erreichte, denn es hält deinen Dopaminspiegel oben und motiviert dich, eine extra Meile zu gehen oder neue Rekorde zu erreichen.

Das Umfeld schaffen

Das beste Umfeld für Flow ist die Natur. Die Natur besteht aus vielen interessanten Dingen, die es zu entdecken gilt. Doch diese Dinge zwingen uns nicht, sie anzuschauen. Ob ich ein Tier beobachte oder Geräuschen lausche, bestimmt nur meine innere Stimme. Frische Luft regt den Geist an, und wenn ich mich bewege, wird die Durchblutung gefördert. All das ist ein Booster für Flow.

Wohnst du in der Stadt und bist weit weg von Wald und Feld, kannst du Gleiches erleben, wenn du nachts durch die Straßen läufst. Es lenken nur sehr wenige Dinge ab.

Leider kannst du jedoch nicht während eines Abend- oder Waldspazierganges eine Präsentation vorbereiten, Texte schreiben oder gar deinen Job ausüben.

Deinen Arbeitsplatz kannst du allerdings vielleicht so gestalten, dass dich möglichst wenig Dinge ablenken. Du wirst zumindest fast immer die Chance haben, ihn ordentlich zu halten, egal ob du in einer Werkstatt, im LKW oder im Büro arbeitest. Das Handy wirst du auch in vielen Fällen abschalten können.

Wenn du bei einer Tätigkeit im Flow nicht unterbrochen werden willst, so sollte alles griffbereit liegen, was du für dein Werk brauchst. Wenn du permanent Werkzeug suchen musst, wirst du ständig unterbrochen, und das bringt dich aus dem Flow.

Hast du in zwei Stunden einen wichtigen Termin und darfst deshalb die Zeit nicht vergessen? Der Gedanke an den Termin kann dich bereits ablenken und dich nicht in den Flow lassen. Stelle dir doch einfach einen Wecker! Der sollte bei deinem Handy auch im Flugmodus funktionieren. Damit schaffst du dir ein Umfeld, in dem du ohne den nötigen Blick auf die Uhr auskommst.

Der Erfindungsreichtum kennt keine Grenzen. Du kannst im Homeoffice durch den geschickten Einsatz eines Raumtrenners Ablenkungen aus dem Blickfeld ausschließen. Ohrstöpsel können dir akustische Ruhe schenken.

Was ist mit Kindern? Kleineren Kindern kann man kaum beibringen, nicht zu stören. Hier habe ich aber zumindest einen Tipp: Lass deine Kinder etwas machen, bei dem sie selbst im Flow sind. Wenn ein Kind neben dir im Flow spielt, strahlt das auf dich ab. Du kommst dadurch auch in den Flow, so als ob du 130bpm-Musik hörst. Schaut das Kind Fernsehen, ist es zwar ruhig, aber es strahlt keinen Flow aus. Fragt das Kind dauernd nach Fernsehen, so kommt es nicht in den Flow. Die Sucht nach Dopamin gibt es auch bei Kindern, sie ist bei ihnen sogar noch stärker ausgeprägt, da Kinder nicht wissen, was ihnen eigentlich nicht guttut. Der Erwachsene weiß, dass zu viel Bildschirmzeit, Rauchen, Süßigkeiten oder Bequemlichkeit für ihn schädlich sind – auch wenn er vielleicht Schwierigkeiten hat, diese Laster abzustellen.

Es ist wichtig, eine Regel zu schaffen, die den Gedanken des Kindes an Medien für die nächsten Stunden verschwinden lässt. Wenn definitiv klar ist, dass abends erst eine Stunde Medien konsumiert werden dürfen, und die Eltern sich strikt daran halten, so wird kein Kind am frühen Nachmittag den Gedanken an Fernsehen haben.

Fazit:

Uns stehen immer Möglichkeiten zur Verfügung, um ein besseres Umfeld für Flow zu schaffen. Dafür müssen wir manchmal ein wenig kreativ sein. Es muss auch gar nicht das perfekte Umfeld sein. Es reicht manchmal aus, wenn du es einfach nur ein bisschen verbesserst.

Aufschreiben und Selbstgespräche zulassen

Wer vor dem Einschlafen kurz aufschreibt, was er am nächsten Tag vorhat oder tun muss, wird schneller in den Schlaf finden.

Gedanken an Dinge, die wir noch erledigen müssen, halten uns nicht nur vom Schlafen ab, sondern können auch den Flow zerstören. Daher macht es Sinn, auch vor einem geplanten Flow die Verpflichtungen aufzuschreiben.

Das Aufschreiben löst in unserem Geist die Angst auf, den Überblick über etwas zu verlieren. Somit sind wir weniger abgelenkt.

Auch emotionale, belastende Ereignisse können durch Aufschreiben kurzzeitig verdrängt werden.

Steht dir ein wichtiges Gespräch bevor und lässt du es vor deinem geistigen Auge immer wieder ablaufen? Du legst dir die Worte, die du sagen willst, in allen möglichen Kombinationen zurecht? Selbst wenn ein Gespräch schon stattgefunden hat, gehst du es am Abend vielleicht noch mal durch und überlegst dir Konversationsabfolgen, wie es anders hätte laufen können? Das kann ziemlich stark ablenken.

Solltest du die Möglichkeit haben, allein zu sein, spreche einfach laut mit dir selbst. Führe Selbstgespräche, wie es kleine Kinder permanent tun. Machst du es nur in Gedanken, so wirst du es mehrfach in allen Varianten in deinem Kopf durchgehen, denn es kostet ja keine Spucke. Sprichst du hingegen laut, wirst du schneller ermüden und auch schneller keine Lust mehr haben, die Gespräche immer wieder durchzugehen. Hast du keine Lust mehr auf Gespräche im Kopf, bist du bereit für Flow.

Routinen abstellen

Isst du nach jeder Mahlzeit einen Nachtisch? Holst du dir jeden Morgen auf dem Weg zur Arbeit etwas vom Bäcker, beispielsweise einen leckeren, aber teuren Kaffee? Machst du bei jeder noch so kleinen Fahrt das Autoradio an? Nimmst du das teure Taxi nach Hause, wenn du damit 20 Minuten eher am Ziel bist als mit den öffentlichen Verkehrsmitteln? Fährst du im Straßenverkehr deutlich schneller als normal, obwohl du dadurch nur wenige Minuten eher ans Ziel kommst?

Ich möchte hier keine Moralpredigt halten – viele dieser Luxusdinge finde ich bei mir auch, und ich bin ein Verfechter dafür, dass man das eine Leben, welches man möglicherweise nur hat, genießen soll.

Doch wenn Luxus in eine Routinehandlung eingebaut wird, dann wird das langfristig nicht nur unheimlich teuer, sondern der positive Effekt (Dopamin!) verpufft auch sehr schnell. Der einst angenehme Effekt verbessert somit schnell nicht mehr den Genuss am Leben, und wir haben noch dazu weniger Geld in der Tasche.

Jeden Morgen auf dem Weg zur Arbeit vier Euro beim Bäcker auszugeben, bedeutet 1.000 Euro im Arbeitsjahr an zusätzlicher Belastung. Wenn der Bäckereibesuch nur am Montagmorgen stattfindet, ist der Glückseffekt viel höher, da man sich etwas mehr auf den eigentlich ungeliebten Wochenanfang freut. Am Ende des Jahres werden 800 Euro weniger für diesen Luxus benötigt.

Fairerweise sollte ich erwähnen, dass die vier Euro, die jeden Morgen eingespart werden, häufig schnell in andere unnötige Dinge investiert werden. Deshalb sind Menschen, die das Rauchen oder Trinken aufgeben, nicht zwangsläufig reicher, denn sie werden eine andere Gelegenheit finden, dieses Geld auszugeben.

Der Trick ist, dass man alle schönen, nicht wirklich wichtigen

Dinge, wie Luxus, nicht in Routinen einbaut. Positive Routinen hingegen sind an anderer Stelle wichtig, dazu kommen wir später noch.

Für unseren Eintritt in den Flow ist es wichtig, die Routinen zu kennen, die uns ablenken und daran hindern, in einer Tätigkeit aufzugehen.

Eine Handynachricht sofort nach dem Piepen abzurufen, ist eine solche Routine. Eine ständige Erreichbarkeit ist für viele Menschen wichtig, doch wenn es wirklich wichtig ist, wird ein Anruf kommen und keine Nachricht. Niemand schreibt eine Nachricht, wenn er in den nächsten 30 Sekunden eine Antwort braucht.

Es wäre also möglich, ein Handypiepen zwar zu registrieren, die Nachricht zur Übung aber erst nach 15 Minuten abzurufen.

Wer das übt und daraus eine Routine macht, der muss sein Handy nicht ausschalten, wenn er Flow erleben möchte. Sich nicht von einem eingeschalteten Handy ablenken zu lassen, kann man in sich einprogrammieren.

Im Großraumbüro zu sitzen und nicht ständig allen Gesprächen der Kollegen folgen zu wollen, lässt sich ebenfalls trainieren.

Auch die Chips vor dem Fernseher oder auch nur das automatische Einschalten des TV-Bildschirms beim Setzen auf die Couch ist eine Routine, die es lohnt zu durchbrechen. Versuche für den Anfang, 30 Minuten Fernsehen zu schauen, bevor du die Chips holst. Wenn der Film gut ist, hast du die Chips im besten Fall sogar vergessen.

Du kannst in kleinen Schritten üben, die Ablenker von dir fernzuhalten: erst 15 Minuten, dann 30 Minuten, später vielleicht über eine Stunde. Wenn du das schaffst, hast du die größten Flow-Verhinderer ausgeschaltet.

Wenn du in die Natur gehst, musst du dich nur darauf konzentrieren, dein mitgenommenes Handy zu ignorieren. Der Flugmodus kann hier helfen.

Kleine Kinder lassen sich meistens nur von dem Gedanken an Fernsehen oder Süßigkeiten ablenken. Es ist ihr größter Dopaminbringer. Daher lohnt es sich, hinsichtlich des Verständnisses für Flow-Verhinderung einen Blick auf die Kinder zu werfen.

Was ist mit Zielen?

Eine Säule für den Flow-Zustand sind gemäß Csíkszentmihályi auch Ziele. Klar und möglichst in kleinen Etappen sollen sie vorhanden sein. Doch ich würde das nicht als Kernelement sehen. Etappenziele können Feedback geben und Dopaminschübe auslösen, dafür sind sie sinnvoll. Doch deshalb muss man sie nicht explizit planen und klar definieren. Wer neugierig, wissbegierig oder ehrgeizig ist, hat automatisch immer Ziele: die Neugierde zu befriedigen, Neues zu erlernen oder sich selbst zu übertreffen. Die Ergebnisvisualisierung ist wichtiger. Du musst sehen, was du geschafft hast (hierbei kann es sich auch um das Erreichen von Zwischenzielen handeln).

Ich kann und muss dir keinen Tipp oder Trick geben, wie man am besten mit Zielen für ein Flow-Erlebnis umgeht. Solange eine Tätigkeit unser Leben in irgendeiner Weise verbessert, erträglicher oder schöner macht, ist sie Flow-geeignet, und passende Ziele, inklusive Zwischenziele, finden sich ganz von selbst.

Was wir von Kindern lernen können

Kinder sind das Paradebeispiel für Flow. Es findet sich fast alles, was ich in diesem Buch gezeigt habe, in ihnen wieder, bei Babys sogar noch viel deutlicher.

Wenn ein Baby nicht Hunger, Durst, Krankheit oder Müdigkeit in sich hat (die Ablenkung), so ist es im Dauer-Flow.

Babys sind nicht süchtig nach dem nächsten Dopaminkick, sie lassen sich durch die meisten Umwelteinflüsse nicht ablenken und folgen immer ihrer inneren Stimme. Ihnen ist es egal, was andere über sie denken. Das Leben ist für sie eine einzige Herausforderung, und wenn es zu viel wird, schlafen sie ein oder schreien.

Babys machen sich keine Gedanken über Zukunft und Vergangenheit. Wenn Babys etwas erfühlen oder schmecken, haben sie stetig Rückmeldungen. Da sie sich ständig im Alpha-Zustand befinden, können sie in einer atemberaubenden Geschwindigkeit lernen, was ein Wunder der Natur ist. Sie haben die besten Voraussetzungen für Flow.

Bei Kindern indes kommen schon mehrere Störfaktoren hinzu: offensichtliche Dopaminbringer wie Fernsehen, teilweise schon Handy oder Süßigkeiten.

Die Störfaktoren können auch die Eltern oder Freunde sein. Ein Kind kann sich im größten Chaos des Kinderzimmers in eine Spieltätigkeit vertiefen. Kleine Kinder vergessen dabei auch auf die Toilette zu gehen, sodass es hier schnell zu kleineren Unglücken kommen kann. Selbstgespräche sind für Kinder absolut natürlich, Zukunft und Vergangenheit sind in der Regel keinen Gedanken wert, sie leben im Hier und Jetzt.

Bei einer Tätigkeit, die für Anerkennung ausgeübt wird, geht es um Fremdbestimmung. Das Kind macht Dinge, weil es eine Vorgabe erfüllen muss. Hier wird es nicht im Flow sein, außer die Tätigkeit macht zufällig Spaß.

Wenn es das Kind selbst will, kann es sportliche Höchstleistungen vollbringen, Musikinstrumente in Rekordzeit lernen oder auch perfekt aufräumen. Der Zwang, der bei diesen Themen von der Elternseite häufig aufkommt, ist für Flow nicht förderlich. Besser ist es, dem Kind das erstrebenswerte Ziel zu zeigen (des Kindes, nicht der Eltern!).

Wenn wir als Erwachsene etwas von Kindern lernen wollen, ist es wichtig, uns zu vergegenwärtigen, was uns wirklich ablenkt. Wir sehen es bei Kindern direkt. Was wir sehen, wenn wir Kinder und Babys beobachten, untermauert meine Thesen in diesem Buch.

Zusammenfassung

Dieses Kapitel hat gezeigt, wie die Elemente des Flows aktiv und passiv besser erreicht werden können.

Aktiv in der Form, dass bei Tätigkeiten der inneren Stimme gefolgt oder beispielsweise Lernmethoden an den eigenen Lerntyp angepasst werden sollten.

Ein richtiger Taktgeber ist ein geeignetes passives Instrument zur Vermeidung von Ablenkung, denn schon ein falscher Takt kann ablenken oder uns gar nicht erst in den richtigen Flow-Modus bringen.

Ein passiver Faktor ist auch das Flow-Umfeld. Chaos kann die Aufnahmefähigkeit des Gehirns einschränken. Ordnung wirkt meistens Flow-fördernd.

Für Feedback ist Ergebnisvisualisierung wichtig. Wenn ich das Geschaffte vor meinen Augen sehe, motiviert mich das und verbessert meinen Flow. Dabei gilt es jedoch zu berücksichtigen, dass Fortschritte in einer Tätigkeit bereits erreicht sein müssen, ansonsten kann eine Visualisierung demotivierend wirken.

Ablenkende Selbstgespräche im Kopf können sich durch Aussprechen oder Aufschreiben minimieren lassen. Es ist einfacher, im Kopf ein Gespräch zu führen, als richtig zu sprechen oder etwas aufzuschreiben, deshalb ist die Chance größer, dass wir durch mehr Energieaufwand ermüden und weniger grübeln.

Routinen sind wichtiger für den großen Flow, doch wenn ich mich durch bestimmte Sachen immer wieder ablenken lasse, so können sie auch den kleinen Flow verhindern.

Es lohnt sich außerdem, auf Kinder oder Babys zu schauen und uns bewusst zu machen, warum sie viel häufiger im Flow sind. Es kann uns motivieren, uns Flow-gerechter zu verhalten und somit mehr Flow zu erleben.

Traumziel: großer Flow

Wenn du bis hierher gelesen hast, wirst du wissen, wie du mehr kleinere Flow-Erlebnisse in deinem Leben haben kannst. Doch wie wäre es, wenn wir uns in einen großen Flow bringen können? Mit dem großen Flow kannst du in deinem Leben Berge versetzen. Du kannst erfolgreich abnehmen, Karriere machen, Kinder richtig erziehen, ein Traumprojekt verwirklichen oder beispielsweise sportliche Höchstleistungen erzielen. Es sind für dich positive Tätigkeiten, die jahrelang andauern können und deine Lebensbilanz aufbessern.

Du kannst auch teilweise einen negativen großen Flow verhindern, wenn du weißt, wie du ihn positiv erleben kannst.

Im großen Flow schlägt dein Herz nicht dauernd bei 130bpm, du vergisst nicht permanent Raum und Zeit. Du tust zwischenzeitlich auch Dinge, die ganz und gar nicht nach Flow aussehen.

Wenn wir den großen Flow genauer betrachten, wirst du andauernd Elemente des kleinen Flows wiedererkennen. Die Verbindung vom kleinen zum großen Flow ist das Kernelement des vorliegenden Buches.

Im großen Flow ist ein bedeutsames Element des kleineren Vertreters nicht vorhanden: die Konzentration. Diese wird durch Routinen oder eine Art Zielstrebigkeit beziehungsweise Dauermotivation ersetzt. Kein Gehirn muss sich jahrelang auf eine Sache konzentrieren können. Konzentration, auch wenn sie im kleinen Flow leicht stattfindet, kostet Energie, die nicht grenzenlos zur Verfügung steht. Routinen benötigen wenig Konzentration, denn sie sind im Unterbewusstsein verankert. Wir können sie deshalb über Jahre für unsere Ziele nutzen. Es kann selbstverständlich die berühmte Konzentration auf ein Ziel geben, doch es spricht nichts dagegen, sich auf mehrere Ziele gleichzeitig zu konzentrieren – etwas, das im kleinen Flow schwierig ist.

Ablenkung, Rückmeldung, Dopamin, Alphazustand, Routinen, Tageszeiten und so weiter – sei gespannt auf die Zusammenhänge zwischen dem großen und kleinen Flow.

Die Initialzündung

Was löst den großen Flow überhaupt aus? Häufig ist es eine neue Liebe, Euphorie, Leidensdruck oder Zufall. Gute Vorsätze, besondere Lebensereignisse (Schwangerschaft) oder schlichte Notwendigkeit können ebenfalls Flow auslösen, häufig ist dieser jedoch nur von mittlerer Dauer. Es lohnt sich, ein paar der Auslöser zu betrachten, denn wenn man sie kennt, lässt sich großer Flow vielleicht sogar planen.

Liebe

Auf Alkohol verzichten, nicht so viel Zeit am Handy oder Computer verschwenden, mehr Bewegung, Ordnung – das sind Dinge, die häufig auf der inneren Wunschliste für großen Flow auftauchen. Sind wir verliebt und möchten unserem Partner gefallen, so verlassen wir schneller die Komfortzone und tun mehr Dinge, die gut für uns sind. Verbringen wir Zeit mit dem neuen Partner, werden wir beispielsweise währenddessen nicht permanent am Smartphone hängen. Bereits vor dem Ende der Verliebtheitsphase treten jedoch erste Sünden meist wieder auf. Vielleicht deshalb, weil wir den Partner als sicher betrachten, es könnte auch die Verliebtheit etwas nachlassen, oder aber die Euphorie, die ein starker Flow-Auslöser sein kann, ist nicht mehr vorhanden.

Euphorie

Wenn etwas unerwartet Positives im Leben geschieht, das nicht durch reines Glück zustande kommt, sondern durch unser Handeln ausgelöst wird, kann Euphorie entstehen.

Kommen wir mit unserem Traumpartner zusammen, wurde uns dieser nicht zugelost, sondern wir haben selbst dazu beigetragen, dass diese Beziehung entstanden ist.

Gewinnt eine Sportmannschaft unerwartet, aber verdient, also gegen ein Team, das nicht nur einen schlechten Tag hatte, so hat sie es mit eigener Kraft geschafft, was Euphorie entfachen kann.

Zu Euphorie-Auslösern gibt es leider meistens auch einen Gegenspieler, etwas, das unseren „Lauf" zerstört. Ein Euphorie-Stopper wie Trennung, eine unerwartete Niederlage und so weiter. Auch Gewöhnung kann Euphorie beenden, nämlich dann, wenn durch die euphorische Sache kein Dopaminanstieg mehr stattfindet.

Neid / Hass

Auch negative Ereignisse in unserem Leben können Wellen von Aktivität auslösen. Neid lässt manche Menschen härter arbeiten, damit sie mit den Beneideten wieder gleichziehen können. Das ist kein Flow, sondern Stress.

Wenn hingegen Bewunderung gegenüber anderen herrscht, so kann Flow entstehen. Wenn wir eine außergewöhnliche Leistung von jemandem sehen, der keine gute Startvoraussetzungen hatte, glauben wir, dass auch in uns die Fähigkeit für Außergewöhnliches stecken kann. Wir haben möglicherweise bessere Startvoraussetzungen, sodass wir erst recht an uns glauben. Sehr häufig sind außergewöhnliche Leistungen von Menschen mit schlechten Voraussetzungen Teil von Selbstverwirklichungsbüchern oder Seminaren. Es motiviert und kann einen großen Flow entfachen.

Trotz

Aus Niederlagen lernen, Enttäuschung in Energie umwandeln, „Jetzt erst recht"-Stimmung – Trotz kann große Flows auslösen und zusätzlich Euphorie entfachen, wenn es mental wieder aufwärts geht.

Auch das erste Überwinden von Trauer kann eine psychische Trotzreaktion auslösen.

Trotz kann uns zwingen, einfach mal anders zu denken. Eine scheinbar ungünstige Ausgangssituation kann sich so als Gewinn herausstellen und ungeahnte Kräfte freisetzen, weil es „trotz"-dem weitergehen muss.

Übrigens

Es gab mal ein Dorf, in dem gab es eine Apotheke. Plötzlich sollte es eine zweite Apotheke geben, und diese sollte genau gegenüber von der alten eröffnen. Die alte Apotheke sah sich untergehen, protestierte und prüfte alle Optionen, um die Eröffnung des Konkurrenten zu verhindern – vergeblich. Und was geschah? Die alte Apotheke machte letztlich mehr Gewinn als vorher. Der Trotz löste Energien aus, die Inhaber wurden innovativer, kundenfreundlicher und kostenbewusster – Konkurrenz belebt das Geschäft.

Leidensdruck

Wenn wir kurz vor dem gesundheitlichen oder finanziellen Kollaps stehen und eigentlich die Lösung kennen (mehr Sport treiben, sparsamer sein), verlassen wir unsere Komfortzone. Wir müssen etwas ändern. Positives Handeln, das aus diesen unangenehmen Situationen entsteht, geschieht häufig im großen Flow, weil wir zumeist direkte Rückmeldungen bekommen und der Raum für Verbesserungen enorm groß ist.

Würden wir am ersten Januartag eines Jahres aufgrund eines Silvestervorsatzes aufhören zu rauchen, fehlt der Brennstoff für Flow. Keine Euphorie, kein Dopamin, wenig Rückmeldung, kein Leidensdruck. Deshalb lösen Silvestervorsätze eher selten einen großen Flow aus.

Zufall

Wir können unser Leben planen, wie wir wollen. Es kommt immer anders, als man denkt. Ob wir morgens 5 Minuten eher oder später aus dem Haus gehen, kann darüber entscheiden, wen wir zufällig treffen oder ob wir in einen Unfall verwickelt werden. Daraus entwickelt sich ein weiterer Verlauf des Lebens, der so komplex ist, dass er nie prognostiziert werden kann.

Es kommt auch vor, dass wir genau wissen, dass in den nächsten Minuten unseres Lebens etwas geschehen wird, was sehr offensichtlich den Rest unserer Wege beeinflussen wird (beispielsweise wenn wir von einer Prüfungskommission aufgerufen werden, um ein Prüfungsergebnis zu erfahren, oder wenn wir das Ergebnis eines Bewerbungsgespräches mitgeteilt bekommen). Wir haben in dem Moment keine Vorstellung davon, was das Ergebnis für uns bedeuten kann, es ist viel zu komplex, aber kurioserweise lässt sich rückblickend alles leicht erklären.

Wen wir treffen, wer uns inspiriert, was wir lesen, feststellen oder beobachten – häufig kann ein zufälliges Ereignis eine Welle des Flows auslösen, die uns zu Millionären, Eltern, Supersportlern, Künstlern oder einfach nur glücklichen Menschen macht. Die größten Erfindungen dieser Zeit wurden durch Zufall ausgelöst, doch sie haben eine wichtige Voraussetzung – sie brauchten jemanden, der zufällige Entdeckungen auch mit dem normalen Leben verbindet und einen Flow startet, der die Menschheit verändern kann.

Ein Flow hat das Potenzial, sehr lange anzudauern, wenn er spontan durch eine Initialzündung entsteht. Hast du das Bedürfnis, mit einer Tätigkeit sofort anzufangen wollen, dann schiebe die Aufgabe auch nicht hinaus, weil es gerade offenbar Gründe gibt, lieber morgen als heute anzufangen.

Ein Beispiel:

Du möchtest weniger oder eine Zeit lang keinen Alkohol trinken, weil du gerade von der Leidensgeschichte eines Alkoholikers gehört hast (Initialzündung). Am liebsten würdest du sofort damit starten, doch du weißt, dass in den nächsten Tagen soziale Events anstehen, im Rahmen derer viel Alkohol konsumiert wird. Wenn du jetzt den Start der Abstinenz verschiebst, wirst du möglicherweise keinen Flow erleben, vielleicht noch nicht einmal starten. Schaffst du es hingegen, bei den sozialen Events nüchtern zu bleiben, hast du eine Rückmeldung mit Dopaminschub. Ein Booster für Flow!

Übrigens

Meine persönliche Initialzündung für dieses Buch war der Moment, als ich an einem Pool am Mittelmeer lag und beobachtete, was andere Badegäste lasen. Ich stellte fest, dass zur Hälfte Selbstverbesserungsbücher gelesen wurden. Eine Dame beispielsweise las „Die 1% Methode" von James Clear. Als ich das sah, durchzog mich innerlich ein Blitz (vielleicht eine Thetawelle?). Ich dachte: das kann ich auch, und beschloss „Dein Leben im Flow" zu schreiben.

Das vorliegende Buch ist aufgrund dieser Situation entstanden.

Neue Besen kehren gut

Jeder Sportverein hat sicher schon mal einen großen Flow erlebt. Eine Welle des Erfolgs, die nicht darauf beruht, dass nur gegen völlig unterklassifizierte Gegner gespielt wurde. Auch Favoriten werden besiegt. Dann gibt es Zeiten, in denen alles schiefgeht, und in Profivereinen muss meistens der Trainer dann gehen.

Geht das Trainingsoberhaupt und die Mannschaft spielt sich danach in einen großen Flow, heißt es: „Es liegt am neuen Trainer". Doch ist dem wirklich so? Gemäß Daniel Kahnemanns „Schnelles Denken, langsames Denken" ist das naheliegendste Argument zumeist das ökonomisch Schlechteste. Das kann auch für die Beziehung von Ursache und Wirkung bei ganz alltäglichen Sachen gelten. Es ist für unser Gehirn das Einfachste, das Naheliegendste zu vermuten.

Es ist also denkbar, dass der neue Trainer rein zufällig das Training eine Stunde eher ansetzt, aber auch eine Stunde eher enden lässt. Vielleicht hat allein das für mehr kleinen Flow im Training gesorgt, der auf den großen Flow ausstrahlt? Dafür hätte man aber nicht für viel Geld das Trainingsoberhaupt auswechseln müssen.

Möglich ist es, dass zwei Spieler nicht mehr durch neu bestimmte Taktiken miteinander zusammenspielen und sich früher nur gegenseitig abgelenkt haben.

Es kann auch schlichtweg Euphorie entfacht worden sein. Diese hätte es auch geben können, wenn ein unerwarteter Sieg gegen einen starken Gegner gelungen wäre.

Wenn ein neuer Trainer der Auslöser für positive Spielresultate zwingend sein soll, wie kann es dann sein, dass immer wieder Trainer das Handtuch werfen müssen, weil die Mannschaft trotz gutem Einstand auf einmal nicht mehr so erfolgreich spielt? Das könnte der Grund sein:

Ein schnell erfolgreicher Trainer ist nicht derjenige, der die beste Trainingsmethode an den Tag legt. Es ist derjenige, der den Flow-Zerstörer des Teams stetig erkennt und beseitigt.

Das gelingt sehr vielen Trainern, weil sie zu Beginn eine neutrale Außensicht auf das Geschehen haben. Ist die neutrale Außensicht nach ein paar Wochen oder bestenfalls Monaten vergangen, werden Flow-Zerstörer nicht mehr erkannt. Dann geht die Abwärtsspirale los.

Neue Besen kehren gut – da ist häufig etwas dran. Nur sollte jeder Mannschaft bewusst sein, dass der neue Besen nicht der Trainer sein muss. Ein anderer Kapitän, oder einfach eine andere Routine vor einem Spiel (oder den Abend davor), kann auch ein neuer Besen sein. Eine Mannschaft kann hier selbst auf die Suche nach den Flow-Förderern gehen.

Das gilt auch für Einzelsportarten. Vielleicht ist der Erfolg eines Boxers in großem Maße von seiner Einmarschmelodie abhängig.

Ein Wechsel der Melodie oder neue Routinen vor einem Kampf können den Flow starten.

Im Bereich des Kraftsports kommt im Laufe der Zeit der Punkt, an dem zwangsläufig etwas Neues ausprobiert werden muss, damit die entsprechenden Muskeln wachsen.

Einfach etwas anders machen und neue Routinen ausprobieren, nicht blind auf Lehrbücher hören, auch nicht auf meins, das ist der Schritt in die richtige Richtung. Ich bringe mit meinem Buch viele Punkte hervor, die für deinen Flow richtig und wichtig sein könnten. Doch jeder Mensch und jeder Körper ist verschieden. Du wirst einige Tipps aus diesem Buch austesten müssen, um deinen persönlichen Flow-Booster zu finden.

Betrachten wir den großen Flow an dem Punkt, wo er abbricht. Was lässt eine Erfolgswelle enden?

Ein zentraler (und vielleicht der wichtigste) Punkt ist die fehlende Dopaminsteigerung. Erleben wir Dopaminschübe zu schnell und zu häufig, kommt das Ende zwangsläufig auch früher. Dann befinden wir uns schlagartig in einem Tief, welches das Ende unserer Erfolgswelle bedeuten kann. Im Umkehrschluss bedeutet das: Steigt das Dopamin langsam, so hält die Welle länger. Also schauen wir uns das konkret an.

Die langsame Dopaminsteigerung

Das Glücksgefühl während des kleinen Flows erleben wir durch Rückmeldungen, den Spaß an der Tätigkeit an sich und auch durch das positive Endresultat.

Das ist beim mittleren und großem Flow nicht anders.

Im Flow sind wir unter anderem dann, wenn der Dopaminspiegel sich langsam und kontinuierlich steigert. Ist keine Steigerung mehr möglich, dann bricht der Flow meist ab.

Ein Beispiel für den mittleren Flow ist Urlaub. Stell dir vor, du kommst in einem tollen Urlaubshotel mit spannenden Aktivitätsmöglichkeiten und hervorragendem Essen ans Büfett. Der Dopaminspiegel wird am ersten Tag, wenn du das Superhotel siehst, schon einmal weit nach oben gepusht. Das Ganze wird gesteigert, indem du am ersten Tag gleich das komplette Büfett durchprobierst, Sauna, Fitnessstudio, Pool sofort nutzt und nach 24 Stunden bereits weißt, welcher Cocktail am leckersten schmeckt. Am dritten Tag lässt die Euphorie merklich nach, du fängst vielleicht an, den Urlaub gedanklich mit früheren Reisen zu vergleichen oder bereits an das nächste Reiseziel zu denken – der Urlaubs-Flow ist dahin.

Wenn du dich zwingst, nicht am ersten Tag alles auszuprobieren, wirst du deinen Dopaminspiegel langsam steigern. Lege aufregende Ausflüge, wenn möglich, auf einen Zeitpunkt, an dem zwei Drittel des Urlaubs vorüber sind. Dann hast du neben der eigentlichen Urlaubsfreude noch eine Art zusätzliche Vorfreude während deines Aufenthaltes.

Steigerst du den Dopaminspiegel langsam, kann dein mittlerer Flow im besten Falle während des gesamten Urlaubs andauern.

Beim großen Flow ist es nicht anders. Jedoch ist es hier so, dass in einem Zeitraum von Monaten oder Jahren dein Dopaminspiegel mehrfach ganz unten und ganz oben sein wird, aus unterschiedlichsten Gründen.

Der Dopaminschub beim großen Flow muss mit der Flow-Tätigkeit zu tun haben und sich langsam steigern.

Damit der Dopaminspiegel überhaupt steigt, ist der richtige Herausforderungsgrad auch im großen Flow wichtig. Bei Unter- oder Überforderung wird der Dopaminspiegel nicht steigen, die Tätigkeit macht keinen Spaß. Doch im großen Flow ist die Steuerung des Schwierigkeitsniveaus einfacher. War deine sportliche Aktivität zu anstrengend oder der Gegner zu stark? Beim nächsten Mal kannst du dir einen anderen Gegner suchen, weniger hart trainieren und an eine Sache denken:

Wichtig ist, dass du überhaupt etwas machst! Damit fällst du nicht so schnell in ein Dopamintief.

Gar nichts zu tun, stoppt Routinen. Und generell ist weniger mehr als nichts. Du bist erkältet und kannst nicht joggen gehen? Dann gehe die Joggingstrecke im Spaziergang ab. Dabei freue dich darauf, dass du bei Gesundung die Strecke wieder in einem Bruchteil der Zeit schaffen wirst, da du wieder joggst und mehr Zeit im Leben hast. Etwas wenigstens langsam getan zu haben, gibt dir eine positive Rückmeldung.

Beim Abnehmen ist der Gewichtsverlust die Rückmeldung und löst das Dopamin aus. Verstärkt wird es, wenn Freunden und Verwandten die erfolgreiche Diät auffällt oder plötzlich alte geliebte Kleidungsstücke wieder passen. Doch das Spiel ist, mathematisch gesichert, ein endliches.

Die Diät wird ein Ende haben. Hier kommt der Punkt, an dem das Gewicht gehalten werden muss. Nur leider fehlen dafür die Rückmeldungen. Die Waage zeigt nichts Neues mehr an. Freunde und Verwandte haben sich an deinen Anblick gewöhnt und sagen nichts mehr. Ohne Rückmeldung gibt es kein neues Dopamin – wir werden aus dem Flow gerissen. Der schöne große Flow ist beendet.

Dagegen hilft nur die Rückmeldungsbremse. Es ist ähnlich wie mit der Dopaminbremse durch das Dopaminfasten, aber nicht das Gleiche. Dir wird es hier nicht helfen, mal 3 Stunden ohne Handy in den Wald zu gehen und deinen Dopaminspiegel drastisch zu senken.

Wenn du langsam abnimmst und Komplimente deiner Freunde nicht gerade provozierst („Hast du gesehen, wie schön ich abgenommen habe?"), wird der Flow länger laufen und nachhaltiger sein. Geht es langsamer, wirst du während deines Weges eher deine

Gedanken daran gewöhnen, sich gesünder zu ernähren. Du schaffst somit eine positive Routine. Dann wird die Diät nicht mit einem Jo-Jo-Effekt enden.

Beim Sport und beim Erklimmen der Karriereleiter verhält es sich genauso. Wer in einer Tätigkeit besser wird, bekommt Rückmeldungen und bleibt im Flow. Doch die Bremse lässt sich nicht immer leicht ziehen und kann insbesondere für die Karriere auch schädlich sein. Dynamik heißt das Zauberwort, und eine Beschleunigung von Erfolgen kann dich überhaupt erst auf die Überholspur bringen.

Hier kann es helfen, wie an anderer Stelle bereits erwähnt, zwischendurch mal innezuhalten. Einfach mal auf das Erreichte zurückblicken und sich eingestehen, dass hier nicht alles selbstverständlich war. Dass etwas Glück, verbunden mit Talent, sich gut zusammengefügt hat oder du zufällige Ereignisse einfach richtig genutzt hast. In dem Augenblick, in dem die positive Vergangenheit als selbstverständlich hingenommen wird, ist das Ende des großen Flows nicht mehr weit. Es muss zwangsläufig zu einem Dopaminabfall kommen.

In der Liebe ist es nicht anders. Lernst du einen neuen Partner kennen, bist du ohnehin im Dopaminrausch, also verliebt. Hier kannst du sogar mal Social Media vergessen. Wenn du jetzt versuchst, die Elemente des gemeinsamen Kennenlernens (den Partner den Eltern vorzustellen, zusammenzuziehen, zu heiraten) im Turbomodus zu absolvieren, so werden dir schnell die Highlights ausgehen. Dann endet die Verliebtheitsphase und der große Flow ist vorbei.

Wann immer es möglich ist, sollten wir unser Dopaminlevel langsam steigern.

Routinen – Fluch und Segen

Egal ob du vorhast, dir etwas abzugewöhnen, anzugewöhnen oder den großen Flow so lange wie möglich zu erhalten, sind Routinen vielleicht der wichtigste Baustein dafür. Wir kennen die typischen „dummen Angewohnheiten" – manche sind offensichtlich, wie zum Beispiel das Rauchen, und andere sind einem nicht so bewusst, beispielsweise immer einen süßen Nachtisch zum Essen zu nehmen oder der permanente Blick auf das Handy.

Positive Angewohnheiten können ebenfalls offensichtlich oder unbewusst sein. Sie sind vor allem dann unbewusst, wenn ein Abweichen von diesen Angewohnheiten gar nicht erst in den Sinn kommt, da man es vielleicht gar nicht anders kennt. Dazu haben sie immer einen Auslöser (Trigger). Bei einem bestimmten Ereignis passiert immer eine Sache, oder sie passiert immer gerade nicht. Also immer nach dem Kaffee (Trigger) wird geraucht (es passiert immer), oder in der Gegenwart von Kindern (Trigger) wird nie Alkohol getrunken (es passiert also immer nicht).

Wer von Kindheitszeiten an immer nur Wasser zu den Hauptmahlzeiten trinkt, also nie Softgetränke oder Saft, kann froh sein, wenn er es sich nie anders angewöhnt. Wer das ein Leben lang durchhält, wird nicht unglücklicher durch das Leben gehen. Er wird vielleicht Hunderttausende Kalorien und Hunderttausende Euros sparen und noch dazu deutlich gesünder sein. Aber niemand wird sagen: Er hat diese großartige Angewohnheit, immer nur Wasser zu trinken. Es geschieht unbewusst, vor allem deshalb, weil es keine unmittelbare Rückmeldung gibt.

Bewusst hingegen kann der automatische Preisvergleich im Supermarkt sein. Wer hier permanent Produkte vergleicht und spart, erfährt eine sofortige Rückmeldung durch das gesparte Geld.

Oftmals halten wir an Gewohntem und damit auch an Routinen zu lange fest. Ein Koch und Restaurantbesitzer, der sehr gut in seinem Fach ist, kann letzten Endes nicht profitabel sein, wenn seine Speisekarte zu groß ist. Es müssen viel zu viele Zutaten vorrätig sein, doch das Kürzen des Angebots fällt den meisten schwer, einfach aufgrund von Gewohnheit. Erst wenn das Wasser finanziell bis zum Hals steht, wird reagiert.

Wenn wir einen großen Flow haben möchten, müssen wir unsere Routinen ändern oder neue einführen. Routinen halten uns im Flow und können uns auch aus ihm herausbringen.

Überlegen wir also, welche Routinen für unseren großen Flow benötigt werden, doch zunächst muss ich mit einem gefährlichen Irrglauben aufräumen: die Motivation durch Belohnungen gegenüber sich selbst.

Vorsicht mit Belohnungen

Es steht in unendlich vielen Büchern: Mache kleine Schritte, und wenn du diese geschafft hast, belohne dich. Das wird dich motivieren, weitere Schritte zu gehen und dein großes Ziel zu erreichen. So weit, so gut. Falsch interpretiert, kann es den großen Flow jedoch verhindern.

Angenommen, du gehst eine Stunde täglich ins Fitnessstudio, um abzunehmen, und belohnst dich routinemäßig danach mit einer Kalorienbombe. Diese hat möglicherweise mehr Kalorien in sich, als du vorher verbrannt hast.

Am Wochenende Fast Food zu essen, wenn man unter der Woche gesund gelebt hat, ist ebenfalls keine sinnvolle Belohnung.

An einem Tag viel Geld sinnlos und unachtsam zu verprassen, das man vorher einen Monat lang eisern gespart hat, wird deine Finanzen nicht verbessern.

Ähnlich wie unsinnige Belohnungen kann auch die sinnlose Buße betrachtet werden.

Angenommen, du trinkst gerne und häufig Alkohol und verbringst einen Abend ohne Alkohol. Was hast du damit erreicht, außer deinem Körper wenigstens in einer Nacht eine Tiefschlafphase zu gönnen? Trinkst du nur im Urlaub leckere Drinks und dort jeden Abend (aber in geringen Maßen) und außerhalb des Urlaubs gar nicht (von hohen Festen mal abgesehen), dann wirst du 250 Tage im Jahr keinen Alkohol trinken und dein Körper wesentlich mehr davon haben. Du wirst aber gar nicht im Urlaub jeden Tag trinken, denn du hast die Routine dafür gar nicht in dir. Dein Körper wird am dritten Tag schon von dir fordern, etwas auf die Bremse zu treten. Vermutlich trinkst du mehr als 330 Tage im Jahr keinen Alkohol, wenn du keine Routine des Trinkens in deinen Alltag integrierst.

Ein Raucher, der einen Tag auf die Zigarette verzichtet, wird nicht nur einen schlechten Tag haben, sondern er wird am Folgetag vermutlich mehr rauchen.

Eine Stunde das Handy auszuschalten und danach drei Stunden umso intensiver darauf zu schauen, wird dir nicht mehr Flow-Zeit am Tage schenken.

Das bedeutet: Wir müssen das Modell mit den Belohnungen anders angehen.

Zunächst einmal darf die Belohnung nicht mehr Schaden anrichten, als der kleine Schritt zuvor uns vorwärtsgebracht hat. Das ist so logisch, dass es keiner weiteren Erklärung bedarf.

Der zweite wichtige Punkt ist, dass die kontraproduktive Belohnung niemals zu einer Routine werden darf, wenn sie schlecht für unser Gesamtziel ist. Wenn ich zwei- bis dreimal pro Woche 10 Kilometer joggen gehe, verbrauche ich dabei nicht nur enorm viel Kalorien, sondern ich steigere meinen Grundumsatz und verbrauche auch dann mehr, wenn ich gerade nicht laufe. Ich habe meinem Körper eine positive Routine angewöhnt. Nun wäre ich theoretisch in der Lage, jeden Tag mehr zu essen, ohne dass es meiner Figur schaden würde. Doch wenn ich nur hin und wieder ins Restaurant gehe und dort ohne schlechtes Gewissen bis zum Abwinken schlemme, habe ich nicht nur einen angenehmen Dopaminschub, sondern ich habe vielmehr keine negative Routine geschaffen. Ich werde länger am Ball bleiben und das große Ziel wird nicht gefährdet.

Der dritte Punkt ist, dass unterstützende Tätigkeiten (im Idealfall Belohnungen) zu Routinen werden: nach dem Sport niemals am Abend Alkohol zu trinken oder sich immer gesund zu ernähren, zu gesundem Essen (Primärziel) auch immer etwas Gesundes zu trinken, oder, wenn du zeitiger ins Bett gehst (Primärziel), auch beim ersten Klingeln des Weckers aufzustehen (nicht die Schlummertaste drücken).

Verbinde deine Routinen so, dass sie sich gegenseitig unterstützen.

Die geplante positive Routine und kleine Schritte

Wenn wir eine Routine als Treibstoff verwenden wollen, müssen wir einiges beachten.

Eine positive Routine aufzusetzen, kann an sich schon die größte Herausforderung sein, insbesondere dann, wenn sie nicht konkret ist. Das Auto öfter stehen zu lassen, ist nicht konkret. Es immer stehen zu lassen, wenn der Einkauf auch zu Fuß zu erledigt werden kann oder öffentliche Verkehrsmittel verfügbar sind, wäre konkret. Dann wäre die psychologische Hemmschwelle, wenn man ins Auto steigt, schon größer, denn man weiß ganz genau, dass man gegen seinen Vorsatz verstößt.

Sich jedes Mal, nachdem das Auto stehen gelassen wurde, zu notieren, wie viel Geld man gespart hat, ist eine positive Routine. Dieses gesparte Geld dann als Belohnung für eine gesundheitsschädliche Tätigkeit auszugeben, macht daraus wiederum eine negative Routine.

Wer nicht raucht, trinkt, keine Kinder oder ein eigenes Auto hat, müsste eigentlich selbst bei kleinem Einkommen reich in Rente gehen können. Denn jedes dieser Dinge kostet bis zur Rente mindestens 100.000 Euro. Doch wer all diese Geld verschlingenden Dinge nicht hat, wird sein Geld in den meisten Fällen woanders ausgeben. Meistens ist es der Konsum, es kann auch Urlaub sein oder der morgendliche Cappuccino beim Bäcker.

Was ich damit sagen möchte: Wenn du dir eine negative Routine abgewöhnst, darfst du dir keine Ersatzdroge suchen. Wenn du morgen mit dem Rauchen aufhörst und konkret weißt, dass du deshalb monatlich 300 Euro sparen wirst, dann überweise das Geld am Anfang des Gehaltsmonats zum Beispiel auf ein Tagesgeldkonto oder hebe es ab und stecke es in ein Sparschwein. Hauptsache, du siehst es nicht mehr. Diese Routine unterstützt dich, denn du hast dann das Geld für Zigaretten nicht mehr und du wirst es nicht in eine Ersatzdroge investieren und dein Erspartes ist die positive Rückmeldung für den großen Flow – drei Fliegen mit einer Klappe.

Im großen Flow kann der Dopaminspiegel überraschend schnell nach oben schießen. Willst du etwas erreichen und du schaffst erfolgreich Teilziele, wird das Erreichen allein dir einen gesunden Dopaminschub geben. Pushst du diesen Schub zusätzlich, indem du versuchst, schneller voranzuschreiten, so wird der natürlich gesunde Dopaminschub irgendwann nicht mehr ausreichen, um deinen großen Flow aufrechtzuerhalten.

Ich habe nichts gegen Dynamik. Als Börsianer kann man mit Firmen, deren Erfolg dynamisch ist, unheimlich viel Geld verdienen. „Gewinnsprung" ist hier das schöne Wort, „Gewinnwarnung" ist das Gegenstück dazu. Dann explodiert förmlich der Aktienkurs, doch auch das findet irgendwann immer ein Ende.

Hast du Dynamik in deinem Flow, so bist du für deren Länge auch selbst verantwortlich und wirst letztlich auf Routinen angewiesen sein.

Beispiel:

Bist du in einer Tätigkeit besonders gut, verdienst damit Geld und kannst dich vor Aufträgen nicht retten, bist du im großen Flow – doch der droht irgendwann zu enden. Du gewöhnst dich vielleicht an den Erfolg und steckst gleichzeitig Hals über Kopf in sehr viel Arbeit, was dich irgendwann überfordern kann. Das Ende dieses Flows lässt sich womöglich nicht vermeiden, doch man kann versuchen, es so weit wie möglich hinauszuzögern. Unternehmer müssen sich rechtzeitig Gedanken machen, ob ihr Können noch richtig gepreist ist (das gilt auch für Angestellte) oder Mitarbeiter benötigt werden.

Eine positive Routine, die dir in diesem Falle helfen kann, könnte das regelmäßige Erhöhen des Preises sein, jedoch in kleinen Schritten. James Clear hat dies in seinem Bestseller „Die 1% Methode" treffend aufgeführt. Kleine Schritte werden weder einem selbst noch Außenstehenden wehtun. Doch wenn es regelmäßig passiert, also eine positive Routine daraus wird, kommt etwas zum Tragen, was Albert Einstein als das achte Weltwunder bezeichnete: der Zinseszinseffekt. Die absolute Steigerung wird jedes Mal größer, wenn wir etwas um 1 % steigern. Ich muss nicht 100-mal etwas um 1 % steigern, um es zu verdoppeln. Es muss 70-mal gesteigert werden. Bei zwei Prozent wäre es nur 35-mal.

Was hat diese Mathematik mit Flow zu tun? Wenn wir etwas langsam steigern, kommen wir dank des Zinseszinseffektes dennoch in überschaubarer Zeit ans Ziel, und deshalb muss nicht alles gleich und sofort geändert werden. Steigern wir uns langsam, ist es einfacher (egal ob sparen, laufen, schreiben, aufräumen) und unser Dopamin steigert sich moderat. Sichtbare Rückmeldungen werden wir nach 4-5 Steigerungen sehen. Fangen wir also langsam, aber stetig an. Ich möchte anhand dreier Praxisbeispiele verdeutlichen, was ich meine.

Laufen / Sport

Bist du noch nie gejoggt und würde dir die Puste nach 400 Metern ausgehen? Das Gefühl kenne ich. Beim ersten Lauf habe ich mich 600 Meter gequält, dann bin ich spaziert, bin nach leichter Erholung wieder losgetrabt und kam weitere 150 Meter weit. Anschließend hatte ich fünf Tage lang Muskelkater. Beim nächsten Versuch kam ich auf 700 Meter, aber hatte danach keine Schmerzen. Das gab mir die Möglichkeit, es nach drei Tagen noch einmal zu versuchen und ab sofort zweimal pro Woche zu laufen. Als ich nach vier Wochen 2 Kilometer am Stück lief, habe ich einen Schub an Endorphinen gehabt und hätte am liebsten alle zwei Tage einen Lauf absolviert. Ich zwang mich, es bei zweimal die Woche zu belassen und verspürte zwischen den Läufen eine so angenehme und motivierende Vorfreude, dass es mich nicht störte, wenn es am Trainingstag aus Kübeln schüttete oder Minusgrade herrschten. Nach fünf Monaten und circa 45 Trainingseinheiten lief ich zweimal pro Woche 15 Kilometer und wäre in der Lage gewesen, einen Halbmarathon (mehr als 21 km) zu schaffen. Es war keine kontinuierliche 1%-Steigerung. Die Wochenkilometer waren manchmal gleichbleibend, manchmal stiegen sie um 20 Prozent. Ich steigerte einen einzelnen Lauf nur einmal um 40 %, und das war mein erster Halbmarathonlauf. Er war nicht Teil meiner Routine, er war maximal eine benötigte Rückmeldung. Wenn ich nach dem Halbmarathonlauf jede Woche zweimal 21 km gelaufen wäre, so hätte der große Flow schnell sein Ende gefunden.

Erreichte außergewöhnliche Ziele sind Punkte, die für den großen Flow gefährlich werden. Häufig schaffen es Untrainierte innerhalb eines Jahres, sich zum Marathonläufer zu entwickeln. Danach fallen sie aber nicht selten ab, entwickeln negative Routinen und landen wieder beim Status Quo.

Für einen großen Flow müssen die Ziele angepasst werden. In meinem Fall verlor ich 20% meines Körpergewichts, mein Geist war auf der Arbeit leistungsfähiger und am Freitagabend fühlte ich mich nicht reif für das Wochenende. Ich kannte auch nicht mehr das Gefühl, urlaubsreif zu sein. Ich musste keine Diät machen, um mein Gewicht zu halten, ich konnte alles essen, was ich wollte.

Mein neues Ziel war es, diesen Zustand zu halten. Es ist einfacher, etwas zu halten, als es permanent um ein Prozent zu steigern. Der Flow kann so sehr lange halten. Irgendwann wird dafür der Dopaminschub nicht mehr ausreichen, und dann wird es enorm wichtig sein, positive Routinen im Blut zu haben. Wenn einen der Drang überkommt, Sport zu treiben, ohne ein konkretes Ziel zu verfolgen, einfach nur weil einem danach ist – dann hat man die positive Routine verinnerlicht.

Social Media / Handynutzung

Ich könnte zur übermäßigen Social-Media-Nutzung problemlos einen langen Aufsatz über negative Routinen verfassen. Doch ich möchte mich mit einer positiven Routine diesem Thema widmen.

Nehmen wir das Ziel, unsere Handy- oder Social-Media-Nutzung zu verringern. Wir wollen weniger abgelenkt sein und den kleinen Flow öfters erleben.

Wenn wir das Handy wegwerfen oder unsere Social-Media-Accounts löschen würden, so wäre das ein kalter Entzug, der uns nicht nur aus der sozialen Gesellschaft drängen könnte, sondern uns auch Ersatzdrogen suchen ließe.

Probieren wir doch einmal Folgendes: Wenn das Handy einen Nachrichtenton von sich gibt, nehmen wir das zur Kenntnis, rufen die Nachricht aber erst nach 15 Minuten ab. Insofern wir keine dringende Nachricht erwarten, machen wir das fortlaufend. Die ersten Male wird es merkwürdig sein. Der Drang wird da sein, sofort die Nachricht abzurufen, doch da die Wartezeit lediglich 15 Minuten beträgt, ist die Neugierde noch realistisch unter Kontrolle zu bekommen. Wenn man das ein paarmal gemacht hat, entwickelt sich eine positive Routine. Es wird dich immer weniger stören, erst nach einer gewissen Wartezeit nach dem Handy zu greifen. Du könntest das Spiel weitertreiben und ab sofort erst nach 30 Minuten das Handy zur Hand nehmen. Doch das musst du gar nicht, denn der Drang, sofort ans Handy zu gehen (negative Routine), wird durch die positive Routine (immer einige Minuten zu warten) ersetzt. Irgendwann wird es dann automatisch so sein, dass du sehr lange nicht an dein Handy gehst, einfach weil du das Piepen vergessen hast.

Wenn du beim nächsten Mal einen kleinen Flow hast und dein Handy piept, wird es dich vielleicht nicht aus deiner Konzentration reißen. Wenn du gar nicht mehr das Bedürfnis hast, deine Nachrichten sofort abzurufen, hast du somit deine Rückmeldung, denn du fühlst dich weniger gestresst.

Das funktioniert auch mit dem Abrufen von dienstlichen E-Mails während deiner Freizeit. Hier solltest du aber nicht mit Verzögerungen arbeiten, sondern mit festen Zeiten, wann du die E-Mails abrufst (sofern du es wirklich musst). Also 19 Uhr am Abend oder im Urlaub nur einmal am Tag um 12 Uhr. In der Nebenzeit wird der Drang nach dem Abrufen der E-Mails nachlassen, meistens sogar recht schnell.

Hinsichtlich Social Media könntest du dir vornehmen, generell erst ab 20 Uhr aktiv zu sein, dafür aber kein Zeitlimit zu haben. Abends lässt die Konzentration nach, dann verschwendest du keine Zeit, in der dein Geist für wichtige Dinge aktiv sein könnte. Zusätzlich ist abends einfach mehr im Netz zu entdecken, da du nun die Informationen eines ganzen Social-Media-Tages abrufst. Es wird spannender für dich, und die Neugier am Tag, es bereits zu tun, wird nachlassen. Tagsüber bleibt mehr Zeit für Flow.

Ordnung halten

Hast du schonmal mühsam alles aufgeräumt und anschließend

hat sich Tage später die alte Unordnung wieder breit gemacht?

Wie du richtig aufräumst, ist kein Thema für den Flow. Wenn es aber darum geht, Ordnung zu halten, lässt sich alles anwenden, was wir bisher über den Flow gelernt haben, von Rückmeldungen über Routinen und Freude.

Damit das Ordnunghalten nicht zur Überforderung wird, musst du wissen, wo Dinge ihren Platz haben. Weiterhin musst du die Ordnung auch wollen und Freude an einem aufgeräumten Platz empfinden. Diese Freude benötigst du für die Rückmeldung. Es muss sich ein zufriedenes Gefühl in dir breitmachen, wenn ein Ort ordentlich ist.

Jetzt benötigen wir die kleinen Schritte und positive Routinen.

Geschirr immer sofort in die Spülmaschine zu räumen, ist ein erster Schritt. Papier (Rechnungen, Briefe) sofort nach dem Öffnen in ein Ablagesystem zu sortieren und die Briefumschläge in einen Papierkorb, dauert vielleicht drei Minuten. Der Ordnungseffekt ist jedoch enorm. Schmutzige Wäsche sofort in den Wäschekorb zu legen, kann ebenfalls viel bewirken. Schuhe gehören nach dem Ausziehen routinemäßig ins Regal.

Diese Schritte müssen einzeln als Routine ins Blut übergehen. Alles auf einmal zu verinnerlichen, kann unser großes Flow-Ziel, die Ordnung zu halten, gefährden.

Wenn du mit den einzelnen Schritten Fortschritte siehst und dabei Freude über das Ergebnis empfindest, kommt das Verlangen nach mehr Dopamin. Jetzt kannst du wieder einen kleinen Schritt gehen. Du säuberst die Küche schon während des Kochens, wenn es beispielsweise eine kleine Wartezeit gibt. Hier sind schon deutlich mehr Minuten erforderlich, aber dich erwartet nach dem leckeren Essen kein Schlachtfeld mehr in der Küche.

Solltest du diesen Schritt ebenfalls geschafft haben, weckst du vielleicht Bedürfnisse, die du zu Beginn des Ordnungs-Flows gar nicht hattest. Bücher und Gläser müssen nach Größe sortiert im Regal stehen. Neben der Ordnung muss auch alles blank geputzt sein.

Das Dopamin lässt sich nicht endlos steigern. Aber auf der Welle des großen Flows verfestigen sich die Routinen immer mehr, sodass du den Rest deines Lebens ordentlich bleibst.

Der Zinseszinseffekt entfaltet seine Wirkung nach Jahrzehnten. Die 365 Tage im Jahr hingegen haben eine viel schnellere Wirkung, wenn wir tägliche Routinen einführen. Ich nenne es auch „die Power der 365 Tage". James Clear hat sich damit in seinem Buch „Atomic Habits" sehr intensiv beschäftigt. Wer routinemäßig jeden Tag vor dem Schlafengehen eine Minute lang 10 Liegestütze macht, hat am Ende des Jahres 3650 Liegestütze mit minimaler Zeit geschafft. Vermutlich sind es aber mehr, weil nach ein paar Wochen nicht nur 10 Liegestützen, sondern 15 oder 20 gemacht werden.

Routinen sind für unseren großen Flow sehr wichtig. Wir können sie entwickeln, indem wir sie uns einfach durch ständige Wiederholungen angewöhnen. Es ist aber auch möglich, sie durch Autosuggestionen im Unterbewusstsein zu verankern. Damit ist die Selbstprogrammierung des Gehirns gemeint, und dafür benötigen wir unser Wissen über die Gehirnwellen.

Die Selbstprogrammierung und das Unterbewusstsein

Wenn wir uns entspannen, lässt unsere Gehirnaktivität nach. Je niedriger die Gehirnfrequenz, desto mehr nähern wir uns dem Einschlafen. Der Übergang vom Bewusstsein in den Schlaf ist der Alpha-Zustand – in diesem Zustand sind wir so entspannt, dass wir einschlafen können, und diesen erleben wir mindestens zweimal am Tag. Wir befinden uns mindestens beim Einschlafen und Aufwachen in diesem Zustand.

Da in diesem Zustand das Tor zum Unterbewusstsein geöffnet ist, gibt dies dem Menschen die Chance, einen Teil der Superleistungskapazität des Gehirns zu nutzen. Wir erinnern uns: Bewusst können wir 126 Eindrücke pro Sekunde verarbeiten, unbewusst sind es Millionen.

Wenn wir etwas in unserem Unterbewusstsein verankern wollen, wenn wir uns also beispielsweise eine positive Routine angewöhnen und eine negative Routine abgewöhnen möchten, haben wir im Alpha-Zustand die Chance dafür. Auch das Befreien aus einer psychisch schweren Situation (beispielsweise Liebeskummer, Trauer) wäre denkbar.

Dazu benötigen wir den Programmiercode und den entspannten Zustand.

Der Programmiercode ist nicht kompliziert. Wir müssen uns positiv vorstellen, wie wir sein wollen, wenn wir programmiert sind. Das können wir durchaus im Normalstand überlegen, die Vorstellung also üben. Wenn wir uns dann im Alpha-Zustand befinden, holen wir diese Vorstellung sofort aus der Schublade heraus.

Den Alpha-Zustand zu erreichen oder zu erkennen, ist für Ungeübte nicht so leicht. Wer autogenes Training beherrscht, kann sich tagsüber durch bewusste Entspannung mehrfach in den Alpha-Zustand bringen, ohne einzuschlafen. Doch eine Traumphase nach der Programmierung ist genau das Richtige, hier können Routinen langfristig verankert werden.

Du kannst die Einschlafphase am Abend am besten dazu nutzen. Bist du den Tag über gestresst oder ständig am Grübeln, kann es sehr schwierig werden, den Alpha-Zustand überhaupt wahrzunehmen, da er einfach zu kurz ist und der Schlaf von einer auf die andere Sekunde überraschend eintritt.

Es gibt aber Indikatoren, anhand derer man häufig den Alpha-Zustand und das baldige Einschlafen erkennen kann:

» Plötzliche Erinnerung an Vortagesträume: eventuell ein Eintauchen in eine geistliche Parallelwelt. Hier sind wir so dicht am Einschlafen dran, dass wir es möglicherweise nicht mehr schaffen, unsere Schublade mit der Selbstprogrammierung zu öffnen.

» Muskelzuckungen, während man versucht einzuschlafen: Der Geist ist noch etwas wach, aber das Nervensystem fährt bereits herunter. Das ist ein sehr guter Indikator für unsere Zwecke, denn hier hat man häufig noch 1-2 Minuten Zeit, bis der Schlaf eintritt.

» Der inständige Wunsch zu schlafen, weil man sehr müde ist (also nicht, weil man am nächsten Tag früh raus muss): Hier können viele Minuten bis zum Einschlafen vergehen. Die Schublade kann geöffnet werden, möglicherweise wirst du dich aber noch eine Weile außerhalb des Alpha-Zustandes befinden. Hier wirst du deine Selbstprogrammierung öfters wiederholen müssen, bist du dann wirklich einschläfst.

Wenn du heute Abend schlafen gehst, kann es sein, dass keiner dieser Indikatoren dir begegnet. Möglicherweise brauchst du noch ein paar Tage, bis du den Alpha-Zustand bemerkst. Deshalb ist es umso wichtiger, dass du in der bewussten Zeit deinen Programmiercode übst.

Übrigens

Wenn du Feuer und Flamme für eine Tätigkeit bist, weil du dich bereits im großen Flow befindest, so wirst du automatisch nachts davon träumen und dein Unterbewusstsein schärfen. Es ist auch möglich, dass du am Abend über den schönen Tag im Flow nachdenkst und dich somit selbst programmierst.

Die Selbstprogrammierung ist kein essenzielles Element für den großen Flow. Sie ist vielmehr eine Unterstützung, um positive Routinen in sich zu verankern, negative Routinen zu eliminieren und die Motivation aufrechtzuerhalten.

Selbstprogrammierung ist aber ein Mittel, um sein Unterbewusstsein so zu steuern, dass fast unerklärliche Dinge möglich sind. Der Glaube an etwas ist beispielsweise eine Art Selbstprogrammierung. Er kann Selbstheilungseffekte bewirken, was wir von Placebos kennen.

Als ich jahrelang ins Fitnessstudio ging, hatte ich den unerschütterlichen Glauben, durch meinen Kraftzuwachs besser vor Krankheitserregern geschützt zu sein. Tatsächlich war ich fünf Jahre lang nicht einen Tag krank, obwohl ich zwar stärker wurde, aber nicht gesünder lebte. Vielleicht war es ein Placeboeffekt, vielleicht aber auch der große Flow.

Menschen auf einer Erfolgswelle sind selten krank. Ihr Unterbewusstsein lässt dies eventuell nicht zu. Es lässt sie möglicherweise Krankheitserregern unbewusst ausweichen oder stärkt die körpereigenen Abwehrkräfte. Wenn der Körper unter Adrenalin, das er selbst produziert hat, keinen Hunger, keine Kälte und keinen Schmerz spürt, zeigt das, wozu der Mensch ohne äußere Einflussfaktoren fähig ist.

Wenn es in unserer Familie eine schwangere Frau gibt, werden wir morgen auf der Straße nur noch schwangere Frauen sehen – das ist die selektive Wahrnehmung, ausgelöst durch unser Unterbewusstsein. Deshalb kann das Unterbewusstsein uns auch so leiten, dass wir Dinge tun, die eine Erfolgswelle verstärken oder verlängern. Wir sehen plötzlich die Dinge, die wir dafür benötigen.

Unterhalten wir uns auf einer Party mit Freunden, werden wir die Gespräche der anderen Partygäste nicht bewusst mitbekommen. Fällt in den Gesprächen der anderen aber dein Name, so wirst du das registrieren. Dein Unterbewusstsein hat die ganze Zeit zugehört und wird Alarm schlagen, wenn es etwas mitbekommt, was für dich relevant sein könnte. Deshalb kann es sein, dass du auf einer Party mit Fremden genau die für dich interessantesten Personen kennenlernst. Dein Unterbewusstsein wird dich zu den richtigen

Menschen führen, sofern du ihm das im Vorfeld eingetrichtert hast.

Die Selbstprogrammierung kann somit ein kraftvolles Mittel sein, um Außergewöhnliches im Leben zu schaffen, was sich häufig in einem großen Flow widerspiegelt.

Zeit für den großen Flow schaffen

Der Rahmen sowohl für den kleinen als auch für den großen Flow ist Zeit. Wer keine Zeit für Flow hat, kann ihn nicht erleben.

Wenn wir keine Zeit haben, so können wir uns mit drei Ansatzpunkten der Problemlösung nähern.

Zum einen müssen wir uns fragen, ob Dinge, die uns viel Zeit kosten, wirklich notwendig sind oder ob wir darauf verzichten können. Ist unser Haus oder unsere Wohnung größer als notwendig, habe ich im Garten zu viele Beete, obwohl weniger Pflanzfläche auch in Ordnung wäre? Müssen wir auf jede Geburtstagsfeier oder Party, zu der wir eingeladen werden, gehen und müssen wir in mehreren Vereinen Mitglied sein? Gibt es Dinge, die wir an andere Menschen abgeben können (Gärtnereien, Putzfirmen)? Sie mögen einiges kosten, doch die Zeit, die man gewinnt, ist unbezahlbar.

Weiterhin können wir uns überlegen, ob nicht manche Dinge einfach parallel erledigt werden können. Wer sich mehr bewegen möchte, holt seine Kinder zu Fuß von der Schule ab. Das kostet weniger Zeit, als die Kinder mit dem Auto abzuholen und anschließend 30 Minuten spazieren zu gehen. Wenn beim Abholen noch auf den Kopfhörern ein Hörbuch oder Podcast läuft, wurden sogar drei Aktivitäten miteinander verbunden, für die einzeln betrachtet ein ganzer Nachmittag verloren gehen kann.

Mein Weg zur Arbeit ist 13 Kilometer lang. Mit dem Fahrrad bin ich genauso schnell wie mit öffentlichen Verkehrsmitteln, nur das Auto ist deutlich schneller. Fahre ich mit dem Fahrrad, bewege ich mich, kann etwas nebenbei hören und komme zur Arbeit. Es sind drei Aktivitäten, ich spare damit jeden Wochentag zwei Stunden

Zeit, ohne mehr Stress im Leben zu haben.

Der dritte Punkt betrifft das Reduzieren von zeitraubenden Aktivitäten, die keinen Mehrwert haben und ausschließlich zum Zeitvertreib genutzt werden. Bei den großen Zeitfressern in unserem Leben, dem Konsum von Medien, lassen sich selten drei Aktivitäten miteinander verbinden. In der Bahn oder an der Haltestelle sieht man meistens Menschen auf ihre Smartphones starren. Hier werden zwei Aktivitäten (Warten/Fahren und Smartphone-Nutzung) miteinander verbunden, doch wird das Smartphone zumeist für Konsum genutzt, was niemanden am Ende des Tages weitergebracht hat. Außerdem wirst du keinen Flow, sondern nur Unterhaltung erleben.

Generell muss sich jeder die Frage stellen, wie viele Stunden man den unproduktiven Zeitfressern wie Streaming, Surfen, Social Media, Computerspielen oder dem Sitzen in der Kneipe zugestehen möchte. Hier kann ich nur sagen: Wenn es sein muss, dann erst ab 21 Uhr. Dann wirst du mehr vom Tag haben, als wenn du um 18 Uhr damit beginnst, denn du wirst nicht um 19 Uhr damit aufhören. Vorausgesetzt, du arbeitest nicht in Schichten.

Es gibt sogar einen vierten Aspekt. Wenn die Zeit, die du hast, möglichst ablenkungsfrei ist, kannst du sie im Flow verbringen. Damit erledigst du deine Tätigkeiten schneller und bist glücklicher.

Zusammenfassung – die Kernelemente des großen Flows

Der große Flow hat ähnliche Elemente wie der kleine klassische Flow. Die intensive Konzentration ist hier irrelevant, weshalb es nicht so schlimm ist, wenn es einzelne Tage gibt, an denen es uns mental oder körperlich nicht so gut geht.

Wir haben auch hier Kernelemente kennengelernt, die dir helfen werden:

1. Der Start oder die Initialzündung. Du startest, wenn dir danach ist, und nicht, wenn der Kalender es dir vorschreibt. Das wird dich über die Komfortzone heben, überhaupt anzufangen. Das ist relevant für alle Tätigkeiten, die nicht termingebunden sind, wie Urlaub oder das Halten einer öffentlichen Rede.

2. Dein Mindset, also die richtige Einstellung des Unterbewusstseins. Du solltest innerlich wissen, wofür du die Tätigkeit ausübst. Startest du aus einem Leidensdruck heraus oder aus einer Euphorie, so wird sich dein Unterbewusstsein automatisch programmieren. Doch während des Flows wird die Macht des Unterbewusstseins nachlassen, wenn du es nicht anfeuerst und ihm immer wieder klar machst, warum du etwas tust. Leidensdruck und Euphorie können schnell enden, du brauchst dann große Ziele, damit du weitermachst.

3. Routinen. Es ist manchmal einfacher, eine negative Routine abzustellen, als positive Routinen einzuführen. Es macht somit Sinn, zunächst einmal die unnötigen Zeitfresser zu eliminieren, hier muss niemand seine Komfortzone verlassen und die Routine ist konkret. Bevor du also Zeit verplemperst, wirst du genau wissen, dass du das gar nicht willst. Für positive Routinen benötigst du einen konkreten Trigger. Morgens nach dem Aufstehen oder abends vor dem Schlafengehen wäre einer. Beim Gang auf die Toilette, beim Geschirrabräumen, beim Betreten der Wohnung – konkrete zeitliche Ereignisse können dich an Routinen erinnern.

4. Die langsame Dopaminsteigerung. Ich hätte jetzt noch mehrere Einzelpunkte aufzeigen können: Ziele, Rückmeldung, Her-

ausforderungslevel. Doch alle drei Teilelemente fördern den vielleicht wichtigsten Punkt: die Dopaminsteigerung. Wirst du in einer Tätigkeit besser oder siehst du mehr Fortschritt in einer Sache, erlebst du positive Rückmeldungen. Diese feuern das Dopamin an, machen dich glücklich und lassen dich an der Sache bleiben. Irgendwann wird die Power des Dopaminschubs nachlassen. Um die Power so lange wie möglich zu erhalten, ist eine langsame Steigerung des Dopaminspiegels hilfreich. Dazu muss es immer wieder kleine Schippen an Dopaminkohlen in deinem Motivationsfeuer geben. Dazu zählen Rückmeldungen oder Fortschritte und das Vermeiden von Über- oder Unterforderung. Irgendwann werden dir jedoch auch die kleinsten Schippen an Dopaminbringern ausgehen.

Endet der Dopaminanstieg, werden dir positive Routinen dabei helfen, deine Ergebnisse nicht wieder kaputt zu machen, oder du wandelst eine Tätigkeit so ab, dass sie wieder neue (am besten langsame) Dopaminschübe bringt. Das Dopamin bringt dich ins Handeln, ebenso wie Cortisol oder Adrenalin. Aber auch Gewohnheiten bringen dich in Aktion. Jeden Morgen zum Bäcker zu gehen, ist auch ein Vorgang, der durch Gewohnheiten ausgelöst wird. Genau wie der Griff zur Zigarette nach dem Essen. Wenn du während deines großen Flows positive Routinen aufbaust, die mit deiner Tätigkeit zu tun haben, kannst du den Flow lange halten.

Die folgende Grafik zeigt dir einen möglichen Lebenszyklus des großen Flows:

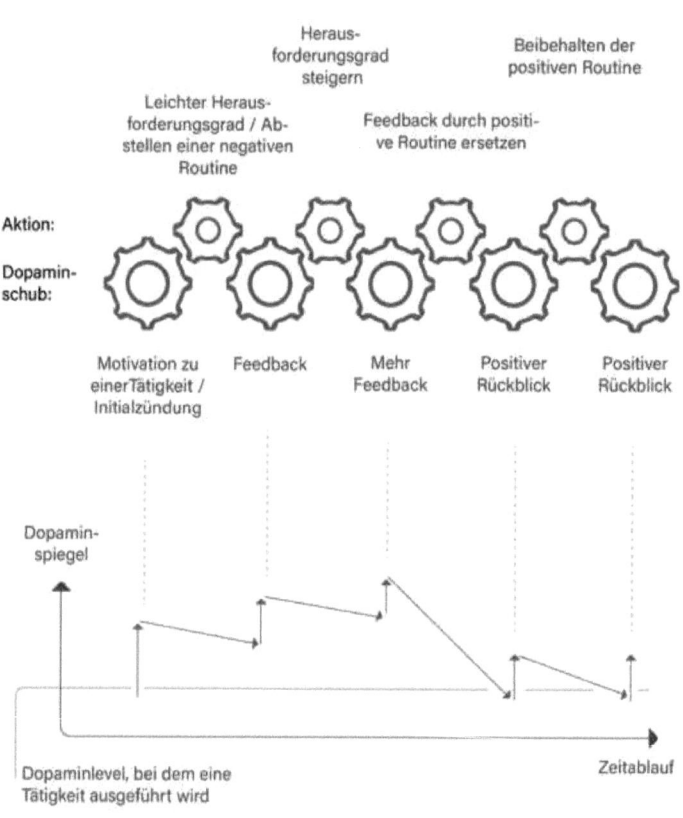

Lebenslauf des großen Flows

Großer Flow ist nichts anderes als eine über lange Zeit aufrechterhaltene Motivation. Eine Motivation, die dich eine Tätigkeit ausüben lässt, die zu einem von dir visualisierten Ziel führt.

Was für dich selbst wichtig ist

Ich habe dir aufgezeigt, was sowohl für den kleinen als auch für den großen Flow wichtig ist. Nun wird es in diesem Buch viele Aspekte geben, die für dich irrelevant sind. Manche Kleinigkeiten wirst du dir vielleicht merken und dann umsetzen, weil sie dich nicht zu stark aus deiner Komfortzone locken. Es ist ein Unterschied, ob du auf Nachrichten deines Smartphones grundsätzlich immer erst nach 15 Minuten reagierst oder dich einen kompletten Tag von allen Medien befreist. Ersteres kann schon eine enorme Wirkung auf den kleinen Flow haben. Ein Piepen vom Handy wirft dich zukünftig nicht mehr aus der Konzentration, wenn du die 15 Minuten bereits als Routine verinnerlicht hast.

Im Folgenden werde ich viele Aspekte aus dem Buch zusammenfassen und dir unterstreichen, wie wichtig sie als Puzzleteil in deinen Flow-Zielen sein können.

Die Power der Warum-Frage

Friedrich Nietzsche stellte einst sinngemäß fest: Wer ein Warum hat, kann jedes Wie ertragen.

Ist das tatsächlich eine Erklärung dafür, warum Menschen in den widrigsten Umständen glücklich sein können?

Ich denke, da gehört mehr dazu. Gewohnheiten sind ebenfalls wichtig, oder einfach ausgedrückt: Wenn der Mensch es gar nicht anders kennt, ist er weniger unglücklich. Perspektiven können auch ein wichtiger Bestandteil für ein positives Mindset sein. Dabei kann es hilfreich sein, wenn Licht am Horizont zu sehen ist. Allein die theoretische Chance auf Verbesserung einer momentan ungeliebten Situation kann bereits zu einem positiven Mindset verhelfen.

Wenn du im Winter frierst, wirst du es ertragen, denn du weißt gesichert, es kommt auch wieder ein Sommer. Bist du angestellt und möchtest Karriere machen, ist es hingegen nicht gesichert, dass das auch passiert. Solange du aber die Möglichkeiten dafür noch als real ansiehst, wirst du eher motiviert sein, als wenn es überhaupt keine Perspektive gibt. Deshalb werden häufig unangenehme Nachrichten wie ein Beförderungsstopp oder das Aussetzen von Gehalts- oder Bonusrunden so lange wie möglich zurückgehalten. Aber denken wir daran: Wer das Warum kennt, kann jedes Wie ertragen, und das Naheliegendste ist häufig der schlechtere Ansatz. Unternehmenslenker werden jeden Tag ihre aktuellen Geschäftszahlen kennen und Einschätzungen zur finanziellen Entwicklung haben. Bei Mitarbeitern ist das häufig nicht der Fall. Würden Mitarbeiter wissen, dass die Geschäftszahlen des Arbeitgebers in eine negative Richtung abdriften, würden sie möglicherweise gar nicht an Gehaltserhöhungen denken und sogar motivierter arbeiten, denn den Job mittelfristig überhaupt noch zu haben, ist ein viel stärkeres Bedürfnis als Karriere. Es ist das wichtigste Warum.

Gibt es gesichert keine Möglichkeit, Karriere zu machen, so kannst du trotzdem glücklich sein und dein Berufsleben im Flow erleben. Dies ist dann der Fall, wenn du dein wahres Warum kennst und feststellst, dass Karriere oder Gehaltssteigerungen dafür gar nicht wichtig sind. Jobsicherheit *kann* das wahre Warum sein, *muss* es aber nicht. Selbstverwirklichung, Flexibilität, lebenslanges Lernen sind Beispiele. Es können auch Kollegen sein, mit denen man sich im Job super versteht. All das sind Dopaminbringer.

An Dopaminbringer kann man sich jedoch gewöhnen, und dann gerät das ursprüngliche Warum in Vergessenheit.

Es gibt die 5-Why-Analyse. Hier geht es darum, zu versuchen, sich durch fünf Warum-Fragen iterativ der Lösung eines Problems zu nähern. Ziel ist es, an den Ursachen und nicht an den Symptomen eines Problems zu arbeiten. Das wahre Warum kann somit aufgedeckt werden.

Ein Beispiel:

Problem: Das Auto startet nicht.

Warum (1)?
Es gibt keine Reaktion, wenn ich den Schlüssel umdrehe.

Warum (2)?
Weil kein Strom von der Batterie kommt.

Warum (3)?
Weil die Batterie leer ist.

Warum (4)?
Weil die Batterie sich selbst entladen hat.

Warum (5)?
Weil die Batterie zu alt ist und getauscht werden muss.

Das war trivial, doch nach dem dritten Warum hätte es auch anders laufen können:

Warum (3)?
Weil das Stromkabel von der Batterie keinen Strom führt.
Warum (4)?
Weil das Kabel der Batterie sich gelöst hat oder weil es kaputt ist.

Warum hat es sich gelöst (5)?
Weil beim letzten Batteriewechsel das Kabel nicht richtig befestigt wurde.

Alternativ: Warum ist es kaputt gegangen (5)?
Weil die Ummantelung des Kabels an einer Stelle des Motorraumes

langläuft, an der es eine Reibung gibt, und das Kabel nach 50.000 Kilometern sehr wahrscheinlich kaputt geht.

Durch die fünf Warum-Fragen können sich selbst Flugzeugabstürze aufklären lassen. So wie der Absturz der Concorde am 25. Juli 2000 bei Paris.

Problem: Die Concorde ist abgestürzt.

Warum ist die Concorde abgestürzt (1)?
Weil der Tank gebrannt hat.

Warum (2)?
Weil ein platzender Reifen gegen den Tank schlug.

Warum schlug der Reifen gegen den Tank (3)?
Weil ein Blechteil auf der Startbahn lag und das Flugzeug darüber gefahren ist.

Warum lag dort ein Blechteil (4)?
Weil es ein Flugzeug davor verloren hatte.

Warum ist das ein Problem (5)?
Weil die vorgeschriebene Reinigung der Startbahn nicht stattgefunden hat.

Aus dem Unglück wurde gelernt und es gab viele Aktionen auf die Antworten in den einzelnen Iterationsstufen. Der Tank und die Reifen wurden verstärkt. Feuersichere Matten wurden am Tank integriert und sicherlich wird die Reinigung der Bahn nicht noch einmal ausfallen. Wenn das nächste Mal ein Flugzeug ein noch spitzeres und härteres Teil verliert, werden die Aktionen auf die ersten vier Warum-Antworten nichts bewirken. Dann hilft nur die Reinigung der Bahn – die günstigste und effektivste Methode, um solche Unglücke zu vermeiden.

Nun widmen wir uns der Psyche und kommen an die Stelle, warum ich das hier eigentlich aufführe. Ich treibe es aber bis zum siebten Warum. Es kann von dort an sehr emotional werden, denn der Auslöser für psychische Probleme sitzt meistens viel tiefer.

Problem: Ein Paar streitet sich, da der Mann sein Geschirr nicht weggeräumt hat und die Frau sich daran stört.

Warum stört das die Frau (1)?
Weil die Frau es gerne ordentlich hat.

Warum hat die Frau es gerne ordentlich (2)?
Weil sie sich im Chaos unwohl fühlt.

Warum fühlt sie sich unwohl (3)?
Weil jederzeit Freunde klingeln und das Chaos sehen könnten.
Warum ist das so schlimm (4)?
Weil die Freunde einen schlechten Eindruck von der Frau oder der Familie bekommen könnten.

Warum ist das so schlimm (5)?
Weil die Frau die Freunde nicht verlieren möchte.

Warum möchte Sie die Freunde nicht verlieren (6)?
Weil sie die Freunde braucht.

Warum braucht sie die Freunde (7)?
Weil ihr Mann ihr nicht mehr die nötige Beachtung gibt, die Freunde hingegen schon – deshalb kommt es zu Streit.

Was hat das mit Flow zu tun? Mit dem kleinen Flow wenig, aber mit dem großen Flow sehr viel. Wenn du das tatsächliche Warum deiner Ziele kennst, wird dir das Wie nicht nur leichter fallen, sondern es ist auch viel wahrscheinlicher, dass du den Weg zum Ziel durchhalten wirst. In der Verliebtheitsphase existiert die festgestellte Ursache nach dem siebten Warum nicht, weil dem jeweils anderen Partner genügend Aufmerksamkeit geschenkt wird – damit ist das ursprüngliche Problem gar nicht erst da. Was Freunde denken, ist dann erst einmal egal.

Widmen wir uns nun einem Beispiel, was eine Verbindung zum großen Flow herstellt:

Du möchtest abnehmen. Die pauschale Begründung hierfür ist, dass du gesünder leben möchtest – die Begründung ist gesellschaftlich anerkannt. Doch wenn du dich selbst fragst und niemand es mitbekommt, kannst du dir die wahre Begründung herleiten.

Warum möchtest du abnehmen (1)?
Weil ich dann besser aussehe.

Warum siehst du dann besser aus (2)?
Weil in der Gesellschaft das Schlanksein als Zeichen für Attraktivität gesehen wird.

Warum möchtest du attraktiv sein (3)?
Weil ich keinen Partner habe.

Warum hast du keinen Partner (4)?
Weil ich mich nicht attraktiv finde.

Warum findest du dich nicht attraktiv (5)?
Weil ich denke, dass ich zu dick bin, um attraktiv zu sein.

Was können wir aus dieser Iteration lernen? Du wirst deine Diät oder deinen Sport spätestens dann abbrechen, wenn du einen Partner hast (und du glaubst, dass er dich liebt, so wie du bist). Dir fehlt das Warum, spätestens ab der dritten Frage.

Möglicherweise stellst du aber auch fest, dass du bei der fünften Frage einen Denkfehler hast. Du siehst, dass dicke Menschen attraktive Partner haben, oder bist mittlerweile schlank und trotzdem allein. Dann bricht der große Flow ab. Du hattest das falsche Ziel zur Behebung eines Problems.

Wenn du einen Flow startest, um die Ursache eines Problems zu lösen, wird der Flow länger andauern und das Ergebnis effektiver sein, wenn du das festgestellte Problem von der fünften oder gar siebten Warum-Frage behebst.

Bewegen wir uns in psychologischen Problemen, erkennst du in der Beantwortung der fünften, sechsten oder siebten Warum-Frage viel eher einen Sinn, als wenn du die naheliegendste Antwort auf eine Warum-Frage akzeptierst. Das Naheliegendste ist in der Regel die Antwort auf das erste Warum. Egal ob es um deinen Job, deine Partnerschaft oder beispielsweise deine finanzielle Situation geht. Du kannst mit deinem Status Quo besser leben, wenn du das wahre Warum kennst. Wenn du etwas daran ändern möchtest, ist der Rahmen für den großen Flow da, er wird allerdings weniger wahrscheinlich zu einem frühen Zeitpunkt abbrechen.

Jetzt brauchst du noch die richtigen Mittel für den Flow. Jeder Mensch ist anders und hat andere Warums, Ziele, Flow-Tätigkeiten und Startvoraussetzungen. Im nächsten Kapitelteil ordne ich die Wichtigkeit der einzelnen Bausteinen für Flow, welche ich in diesem Buch gezeigt habe, zu.

Wichtigkeit der Flow-Elemente

Grundsätzlich gilt: Jedes Flow-Element kann wichtig sein. Es hängt von deinem Typ und deinem Ziel ab. Egal ob du mehr kleinen Flow oder großen Flow erleben möchtest. Es ist auch möglich, dass Ablenkung für dich gar kein Problem ist, weil du dich bisher im Leben für manche Tätigkeiten mental schon immer gut zurückziehen konntest. Dafür stimmt der Herausforderungsgrad vielleicht nicht. Bei anderen Menschen kann es wiederum umgekehrt sein, oder beide Dinge sind ein Flow-Verhinderer.

Einige Elemente sind jedoch eher für den kleinen und andere Sachen eher für den großen Flow wichtig, deshalb unterstreiche ich die einzelnen Punkte nach Wichtigkeit bezüglich der Flow-Länge.

Gehirnwellen

Sie sind wichtig für die Selbstprogrammierung und damit für den **großen Flow**. Im kleinen Flow stellen sich deine Gehirnwellen auf den richtigen Modus.

Wenn du die Selbstprogrammierung im Alpha-Zustand beherrschst, kannst du unterbewusst alle Flow-Elemente richtig anwenden. Dann werden die Flow-Elemente zu positiven Routinen, und über deren Kraft und Einfluss auf dein Leben habe ich bereits ausführlich berichtet. Beachte jedoch, dass die Selbstprogrammierung regelmäßig wiederholt werden muss, denn schnell kann es passieren, dass du dich aus Versehen umprogrammierst (weil es dir gefallen hat, mit dem Auto zur Arbeit zu fahren anstatt mit der Bahn, und du dich nachts vor dem Einschlafen daran erinnerst). Kennst du dein wahres Warum, kann sich dein Gehirn auch ohne aktive Mediation oder Affirmationen selbst programmieren.

Die Initialzündung und das Warum

Für den kleinen Flow ist die Initialzündung weniger wichtig, dort könnte sie dir aber dabei helfen, überhaupt mit einer Flow-Tätigkeit zu beginnen, insbesondere wenn es um Sport geht.

Für den **großen Flow** und vor allem für dessen Länge können der Auslöser für den Start und das tatsächliche Warum dahinter sehr wichtig sein. In einem Satz zusammengefasst: Mache dir deine wahren Absichten für eine Tätigkeit klar und starte dann, wenn du mental dazu bereit bist, und nicht, wenn dein Kalender es dir vorschreibt.

Typen / Gesichter lesen

Dein Typ bestimmt, was für dich eine starke Herausforderung sein kann und was nicht. Wir erinnern uns: Der richtige Grad an Herausforderung ist ein Kernelement des **kleinen Flows**. Als Birne wirst du mit Sport viel eher deine Probleme haben, als wenn du eine kantige Gesichtsform hast. Entsprechend musst du als Birne deinen Herausforderungsgrad am Anfang viel tiefer ansetzen.

Dopamin

Es ist für die Flow-Länge unglaublich wichtig, zu verstehen, was Dopamin in uns auslöst. Für den **kleinen und großen Flow**. Du kannst dies sehr gut an kleinen Kindern beobachten: wann sie glücklich und gelangweilt sind, wie Medienentzug wirkt und wie sie in einer Flow-Tätigkeit, die auch Dopamin ausschüttet, freudig aufgehen.

Beim kleinen Flow kann ein Dopaminbringer, der nichts mit der Tätigkeit zu tun hat, dich ablenken (das piepende Handy (Befriedigung von Neugier) oder der Griff nach etwas Süßem). Beim großen Flow motiviert dich indes die langsame Dopaminsteigerung, am Ball zu bleiben. Wenn du den Dopaminspiegel langsam steigerst, wirst du länger im Flow sein.

Solltest du aus meinem Buch langfristig nur 5 % des Inhalts mitnehmen, dann ist es hoffentlich das Verständnis für die Wirkungsweise des Dopamins auf den großen Flow. Es ist der Schlüssel für so vieles: Abnehmen, Sport, Geld, Produktivität, Gesundheit und vieles mehr.

Die schrittweisen Ziele und Rückmeldungen

Alles, was auf dem Weg zu einem Gesamtziel liegt, kann ein Zwischenschritt sein. Ein Etappenpunkt könnte beispielsweise die Hälfte einen Gesamtziels sein – das Bergfest. Wenn dir bewusst wird, dass du von einer Sache die Hälfte geschafft hast, kann dieser Rückblick dir einen Dopaminschub geben, der dich den Rest des Weges leichter gehen lässt.

Die Zwischenschritte hängen stark mit den erforderlichen Rückmeldungen zusammen und sind deshalb für den **kleinen und großen Flow** wichtig. Es ist nicht das eigentliche Ziel!

Positive Rückmeldung schütten Dopamin aus und halten dich im Flow. Beim kleinen Flow ist es mehr unbewusst, denn dort vergisst du häufig die Zeit und denkst gar nicht darüber nach, was du bisher geschafft hast. Beim großen Flow halten dich positive Rückmeldungen im Spiel, indem dir dein Fortschritt oder dein Zwischenergebnis deutlich bewusst wird.

Die Konzentration und die Ablenkung

Für den **kleinen Flow** ist das der wichtigste Punkt. Ein Kind, das ständig an dir zieht, ein Handy, bei dem du sofort rangehen willst, wenn es piept, oder ein Fernseher, in dem nebenbei etwas Spannendes läuft – all das wird dich vom kleinen Flow abbringen.

Was die Hintergrundgeräusche betrifft, lässt sich deren Einfluss nicht verallgemeinern. Es gibt genügend Leute, die in den Flow kommen, wenn sie nebenbei Radio hören. Das liegt an deren innerer Konditionierung. Der Geist weiß, dass er sich nicht auf das Radio konzentrieren soll, sofern es häufig angeschaltet ist und ein gewisser Gewöhnungseffekt vorhanden ist. Das ermöglicht es nicht nur, sich im Großraumbüro zu konzentrieren, sondern irgendwann benötigt man die Hintergrundgeräusche sogar.

Die Taktvorgabe

Die Flow-Stimmung kann durch den richtigen Takt gefördert werden. Der Takt ist bedeutsam für den **kleinen Flow**, denn er kann den richtigen Herausforderungsgrad bestimmen und dich in die richtige Verfassung bringen. Ein Umfeld, das selbst gerade im Flow ist, der Tempomat im Auto, der dich in deiner Wohlfühlgeschwindigkeit fahren lässt, oder die Musik im 130bpm-Takt: Existenziell für den Flow ist das nicht, es verbessert lediglich deine Chancen, ihn zu erleben.

Aber: Gibt jemand anderes einen Takt vor, der dir gar nicht passt, wirst du nicht in den Flow kommen.

Zeitfresser

Um in den Flow zu kommen, egal ob groß oder klein, sind meine Erläuterungen zu Zeitfressern weniger wichtig. Aber um **Zeit für den großen Flow** zu haben, sind sie durchaus relevant. Zeitfresser haben auch Potenzial für **negativen Flow**. Wenn du mit einer neuen Serie bei deinem Streaminganbieter anfängst, sei dir bewusst, dass du viele Stunden im Streamingflow verbringen wirst, der dich vielleicht entspannen, dich aber auch wertvolle Lebenszeit kosten wird. Den gleichen Entspannungseffekt, den zwei Stunden Filmestreamen bei dir eventuell auslösen, hättest du möglicherweise auch mit einem 30-minütigen Spaziergang oder durch Ausruhen auf der Parkbank erreichen können, wenn du dabei nicht mit deinem Handy spielst.

Zeit ist unbezahlbar. Auf dem Sterbebett festzustellen, dass im Leben zu viel Zeit für sinnlose Dinge verschwendet wurde, ist kein angenehmes Szenario. Zeit mit Familie und Freunden ist dabei selten sinnlos, erinnere dich an das Warum im Leben. Du brauchst vielleicht keine zusätzliche Zeit, um bestimmte Ziele im großen Flow zu erreichen, weil es das falsche Ziel für dich war.

Routinen

Die Routinen sind zwar im kleinen Flow nützlich, aber für den **großen Flow** so wichtig, dass sie im besten Fall einen lebenslangen Flow auslösen können.

Wie kann das sein, wenn sich Dopamin nicht unendlich steigern lässt?

Wenn du durch gesunde Ernährung abnimmst, bist du im großen Flow. Hast du die Routine verinnerlicht und ernährst dich nach deinem erreichten Ziel einer Gewichtsreduktion weiterhin gesund, bist du nicht mehr im großen Flow. Es fehlt das Glücksgefühl. Aber dein erreichtes Ziel wird so lange gehalten, wie die positive Routine in dir ist und nicht durch eine negative Routine abgelöst wird.

Weil die Routinen eine so starke Kraft auf deinen großen Flow ausstrahlen, habe ich im nächsten und letzten Teilkapitel ein paar Dinge zum Ausprobieren aufgeführt, die häufig auf positive Routinen abzielen.

Relativ zu Beginn des Buches, als ich die Gehirnwellen erklärt habe, habe ich darüber berichtet, dass ich vom Studienabbrecher zum Absolventen wurde, der sein Studium schneller beendete, als es die Regelstudienzeit vorgab. Das Ganze geschah, nachdem ich ein Seminar über mentales Lesen besucht hatte. Was sich bei mir änderte, möchte ich hier auflösen, denn es steht exemplarisch dafür, wie man sich einzelne Elemente des Flows zusammensuchen kann, um zum gewünschten Erfolg zu kommen.

1. Die Initialzündung: Als ich während meines ersten Studiums (Informatik) ein Buch über Volkswirtschaftslehre in die Hände bekam, habe ich es begeistert gelesen und wusste, ich bin im falschen Film beziehungsweise Studium. Dann musste ich alte

Glaubenssätze loswerden: „Nach 3 Jahren ein Studium abzu-
brechen, das geht nicht", „für ein Volkswirtschaftsstudium muss
ich an eine andere Universität und wieder umziehen, das ist zu
umständlich", „In der Schule war ich in Mathematik eine Niete,
wie soll ich ein Volkswirtschaftslehrestudium schaffen", und so
weiter.

2. Die positive Routine. Ich habe vom ersten Vorlesungstag an gelernt und nicht erst kurz vor der Klausur. Ich hatte diese positive
   Routine so verinnerlicht, dass ich sofort innerlich unruhig wurde, wenn ich nicht lernte.

3. Die Alphawellen. Ich habe erst ab 20 Uhr angefangen zu lernen, denn zu diesem Zeitpunkt war ich näher am Alphamodus
   als am Nachmittag. Es hat ein paar Tage gedauert, mich daran
   zu gewöhnen, aber mein Gehirn hat sich darauf eingestellt. Ich
   wurde abends nicht zu müde für das Lernen, und eine negative
   Routine, die mich lieber Fernsehen ließ, hatte ich nicht. Wenn es
   etwas gab, was auswendig gelernt werden musste, habe ich das
   nach 22 Uhr gemacht. Wenn ich kurz danach schlafen ging, hat
   sich das in der Nacht durch den Theta-Modus alles in meinem
   Gedächtnis festgesetzt. Ich habe außerdem nach dem Lernen
   nie Alkohol getrunken (positive Routine), sodass mein Gehirn in
   der Nacht seine erforderliche Arbeit tätigen konnte.

4. Die Rückmeldung: Ich hatte mir für jedes Fach die Vorjahresklausur besorgt. Je besser ich die Fragen dieser Klausur während
   des Semesters bereits beantworten konnte, desto stärker stieg
   der Dopaminspiegel und die Motivation blieb aufrecht.

5. Immer die Vorjahresklausur vorliegen zu haben, war nicht
   selbstverständlich. Ich habe es geschafft, mein Unterbewusstsein dafür zu schärfen, weil ich wusste, dass ich diesen Feed-

backgeber brauche. Ich musste dazu nicht meditieren oder mich hypnotisieren lassen. Wenn der Wunsch so stark und wirklich gewollt ist (Erinnerung: die 5 Warum-Fragen), ist er im Unterbewusstsein verankert. Egal wie streng die Vorjahresklausuren unter Verschluss waren. Dank selektiver Wahrnehmung passierten mir die unglaublichsten Dinge, sodass ich sie doch in meine Finger bekam.

6. Dann die Mathematik, wegen der ich in der Schule fast sitzen geblieben bin. Die Klausuren, in denen Mathematik gefragt war, habe ich am Ende mit den besten Noten abgeschlossen, wer hätte das gedacht? Ich konnte auch hier die Frage des Warums klären. Nachdem mir jemand nicht nur erklärte, wie eine Aufgabe zu rechnen ist, sondern wozu man sie in der Volkswirtschaftslehre braucht, öffnete sich mein Geist. In Verbindung mit Alpha und einem Flow-Umfeld (ich lernte Mathematik immer in der Bibliothek) überwand ich auch diese Hürde.

7. Zum Schluss noch die Geschwindigkeit. Ich war im Studium keinesfalls unterfordert, merkte aber, dass ich auch nicht überfordert bin, wenn ich ein bis zwei Vorlesungen mehr pro Semester besuche. Die ideale Herausforderungskurve, die für Flow so wichtig ist, verließ ich nicht, und die Anstrengung wurde durch den Dopaminschub überkompensiert, den ich erlebte, wenn ich im Studium schneller vorankam. Ich hatte einen Studienplan, auf dem alle Prüfungen vermerkt waren, die für das Studium notwendig sind. Nach jeder bestandenen Klausur strich ich ein Fach weg. Das war mein Feedback, und es verging keine Woche, in der ich nicht auf diesen Plan schaute (Rückmeldung). Das Wegstreichen von Prüfungen war meine stetige, aber nicht zu schnelle Dopaminsteigerung.

Mein Beispiel soll dir zeigen, wie einzelne Elemente des Flows gemeinsam über Jahre zu einer Erfolgswelle werden können. In meinem Fall war keine Taktvorgabe dabei und die Routinen waren nicht der entscheidende Punkt. Die richtige Nutzung des Gehirns, insbesondere des Unterbewusstseins, war der Erfolgsfaktor.

Für dein Ziel können es andere Faktoren sein. Deshalb ist Ausprobieren wichtig. Und darum geht es im letzten Teilkapitel.

Sofortmaßnahmen zum Ausprobieren

Ich möchte dir ein paar Anregungen geben, die du nach der Lektüre dieses Buchs gleich umsetzen kannst. Die unmittelbare Umsetzung der Theorie in die Praxis festigt dein Wissen und kann dazu führen, dass du nicht nur 5 Prozent aus dem Buch langfristig behältst, sondern deutlich mehr. Vielleicht ist dies sogar der Schlüssel zum Gamechanger in deinem Leben.

1. Gehe doch mal eine Stunde lang an einem Ort spazieren, an dem du keine Bekannten triffst und an dem du dich nicht verirrst, und schalte dein Handy aus. Das geht auch in einer Innenstadt. Solltest du das Bedürfnis haben, länger zu laufen, dann stoppe nicht. Hast du den Spaziergang beendet, überlege rückblickend, woran du gedacht hast.

Ich kann dir nicht sagen, woran du denken wirst, vielleicht wirst du aber das Bedürfnis haben, den Spaziergang zu wiederholen. Ziel der Übung ist, dass du das Gefühl kennenlernst, wie es ist, wenn du eine Stunde lang von nichts abgelenkt wirst. Ist das Gefühl gut, versuche am selben Abend vor dem Einschlafen noch mal an dieses Gefühl zu denken. Damit programmierst du dein Unterbewusstsein darauf, sich weniger Ablenken zu lassen, was du für den kleinen Flow brauchst.

2. Notiere auf einem Zettel alle positiven Routinen, die dir einfal-

len, die dein Leben verbessern würden und deren Dauer maximal 60 Sekunden lang ist. Fallen dir keine oder nur wenige ein, dann laufe ein wenig auf und ab, während du nachdenkst. Hilft das immer noch nicht, habe ich in der folgenden Grafik ein paar Anregungen für dich.

Ideen für kleine Routinen

Kopf hoch und lächeln, bevor das Telefon abgenommen wird

Geschirr in den Spüler sofort einräumen und nicht darauf stellen

Eine Kniebeuge nach einem Toilettengang

Beim Abendessen nach dem Hauptgericht ein Stück Obst zu sich nehmen

Beim Öffnen von Post den Briefumschlag sofort in den Müll werfen

Ein Glas Wasser vor jeder Mahlzeit trinken

Mögliche positive Routinen

Wähle eine Routine aus, die du umsetzen möchtest. Aber nur eine! Denke an das Dopamin. Denke abends vor dem Einschlafen noch einmal daran, und ab dem nächsten Tag versuchst du diese Routine umzusetzen.

Wichtig ist, dass die Routine vor oder nach einer eindeutigen Handlung startet. Wenn du später die Handlung ohne deine vorgenommene Routine durchführst, muss in dir das schlechte Gewissen hochkommen.

Erst wenn du diese Routine circa zehnmal durchgeführt hast, suchst du dir eine zweite von deinem Notizzettel aus. Du versuchst auch sie, genau wie die erste Routine, mindestens zehnmal durchzuführen. Die erste Routine wirst du natürlich ebenfalls beibehalten. Erst wenn beide Routinen dir ins Blut übergegangen sind, nimmst du dir die Dritte vor, und so geht es immer weiter. Diese Maßnahme ist für den großen Flow wichtig.

3. Versuche bewusst mit deinem Dopaminspiegel zu spielen, indem du einen sicheren Dopaminschub ein wenig hinauszögerst (beispielsweise den leckeren Nachtisch erst 30 Minuten nach dem Hauptgang zu dir nehmen). Das Gefühl, das du dabei erlebst, mag im ersten Moment eine Qual sein, doch versuche mal, es als Vorfreude zu sehen. Es ist ein Perspektivenwechsel, den man erst einmal üben muss. Größere Dopaminschübe werden häufig durch leckeres Essen, Social Media oder Ausruhen (wenn man kaputt ist) ausgelöst.

Das Ziel der Übung ist es, den Dopaminspiegel im Zaum zu halten und trotzdem dieses Hormon zu genießen. Das ist für den mittleren und großen Flow wichtig.

4. Probiere eine Tätigkeit, die du immer nur mit Begleitmusik ausgeführt hast (beispielsweise Autofahren, Joggen, Aufräumen, Basteln), mal ohne Begleitmusik aus. Diese Tätigkeit sollte min-

destens 30 Minuten lang andauern, denn dein Geist muss sich daran gewöhnen können, dass etwas anders ist.

Das Ausprobieren von unterschiedlichen Begleitgeräuschen ist etwas, das für den kleinen Flow bedeutend sein kann. Du solltest für dich selbst herausfinden, ob Dinge mit oder ohne Hintergrundgeräusche leichter sind. Solltest du manche Dinge grundsätzlich ohne Musik durchführen, so probiere diese Tätigkeiten doch mal mit Beschallung aus. Bitte nehme das Ergebnis gedanklich nicht vorweg! Es gibt Leute, die schauen im Stammlokal immer lange in die Karte, obwohl sie ohnehin jedes Mal das gleiche Gericht wählen. Man kommt mittelmäßig bis gut durch das Leben, wenn man an Gewohnheiten festhält, doch man kann möglicherweise auch sehr gute bis hervorragende Dinge erleben. Aber dazu müssen Dinge ausprobiert werden!

5. Nimm bewusst den Alphazustand war. Versuche es heute Abend kurz vor dem Einschlafen. Nach dem Aufwachen geht es grundsätzlich auch, doch häufig nur dann, wenn du ausschlafen kannst und keinen Termindruck in der Früh hast. Ist irgendwas kurz vor dem Einschlafen seltsam? Fällt dir in diesem Moment etwas ein, woran du den ganzen Tag (im Betazustand) nicht gedacht hast? Es geht nicht darum, dass du dir heute Abend deine Neujahrsvorsätze in dein Unterbewusstsein einprogrammierst. Übe ein paar Tage lang ausschließlich, diesen Zustand zu erkennen.

Wenn du Alphaprofi bist, wirst du den Zustand vielleicht auch außerhalb der Einschlafphase bemerken. Wenn dir im intensiven kleinen Flow plötzlich kreative Gedanken nur so zufliegen, hast du den Zustand auch hier. Was machst du mit dieser Information? Du weißt, dass du jetzt keine Pause einlegen solltest. Dieser Moment ist so wertvoll – wenn du dich jetzt durch Ablenkungen in den Betazustand bringst, wäre das sehr schade.

6. Schaffe deinen Ort für Flow. Ich selbst habe ein Flow-Zimmer für mich eingerichtet. Dieses ist immer ordentlich und frei von Ablenkung. Dazu schaffen Bücher um mich herum eine produktive Atmosphäre. In Hotels findest du einen solchen Raum häufig in Form eines Lesezimmers. Bibliotheken eignen sich ebenfalls dafür. Es kann aber auch eine Ecke bei dir zu Hause sein, in die du dich nur dann zurückziehst, wenn du Dinge im Flow erleben möchtest. Irgendwann wird dein Unterbewusstsein lernen, dass du den Flow-Modus an diesem Ort brauchst, und dieser wird sich dort schnell einstellen.

Was immer du ausprobierst, probiere es mehrfach. In diesem Buch habe ich viele Begleitumstände des Flows erklärt. Wenn du gerade einen schlechten Tag hast und dann Hintergrundgeräusche, Alphazustände oder Spaziergänge ausprobierst, werden sie unter Umständen nicht die erhoffte Wirkung zeigen. Gib den Dingen mehr als eine Chance, wenn sie dir nicht gleich die erhoffte Rückmeldung geben.

Fazit: Ab sofort mehr Flow im Leben

Ich habe dir in diesem Buch Dinge aufgezeigt, die dir sicherlich bekannt waren, weil du schon Flow erlebt hast. Insbesondere als Kind wirst du diesen Zustand häufig gehabt haben, ohne dass du das Wort Flow jedoch kanntest. Es hat auch schon jeder Erwachsene erlebt, manche häufig, andere seltener. Wem auch immer ich von diesem Buch erzählt habe, meistens schaute ich in fragende Gesichter, da der Begriff Flow nicht weitverbreitet ist. Ich bin selbst erst darauf gestoßen, als ich mit dem Joggen angefangen habe. Der Ausdruck „im Flow sein" hingegen ist eher verbreitet.

Wenn ich den Begriff zu erläutern versuchte, reichten 2-3 Sätze aus, und jedem kam dieser Zustand bekannt vor. Nach diesem Buch wirst du beim nächsten Mal, wenn du vertieft und mit Freude einer Tätigkeit nachgehst, an Flow denken.

Mein Ziel ist es aber nicht gewesen, dir Flow zu erklären oder zu beschreiben, wie du in ihn hineinkommst. Nein, ich möchte, dass du etwas für dein Leben mitnimmst und bei Dingen, die dir guttun, monatelang im Flow bleibst. Andere Autoren haben die Erfolgswelle häufig mit kleinen Schritten oder dem richtigen Mindset erklärt. Das ist auch alles richtig, deshalb haben sich diese Dinge in meinem Buch auch wiedergefunden. Im Literaturverzeichnis habe ich ein paar Werke aufgeführt, die teilweise Quellen zu meinem Buch waren, aber auch einige Flow-Elemente vertiefen.

Neu war in meinem Buch die Verbindung der Erfolgswelle mit dem Flow, den wir bisher maximal wenige Stunden erlebten.

Dein Allgemeinwissen über psychologische Effekte, Charaktere, Gehirnströme und Dopamin habe ich vielleicht aufgebessert oder gefestigt. Es gibt viele kleine Rädchen, die zusammenwirken und im Gesamten zum großen Flow führen.

Die schlechten und guten Gewohnheiten sind vielleicht der größte Erfolgsfaktor im Leben. Wenn du eine kleine Sache 365 Tage im Jahr anders machst, oder gar den Rest deines Lebens, kann das enorme Auswirkungen haben. Vielleicht macht es dich zum Millionär, vielleicht hält es dich bis ins hohe Alter gesund, oder es macht dich einfach nur glücklicher.

Die erfolgreichsten Menschen im Leben haben meistens feste und gute Gewohnheiten. Man nennt sie auch Gewinnerroutinen. Sie stehen früh auf, machen Sport oder sind Momente des Tages ganz für sich allein. Sie nutzen ihre Freizeit für Dinge, die Spaß machen und sie trotzdem in ihrer Hauptbeschäftigung weiterbringen (beispielsweise das Lesen von Büchern). Oder sie finden einen Weg für Stressabbau, der sie in beruflich kritischen Momenten widerstandsfähiger macht. Gleichzeitig haben sie wenige bis gar keine schlechten Angewohnheiten. Häufig sind es Patriarchen, was für deren Umfeld nicht leicht, aber für sie selbst von enormem Vorteil ist. Sie werden nicht stundenlang Filme streamen oder sich in Social-Media-Apps aufhalten, denn sie lassen sich nicht fremdbestimmen. Die schlechten Angewohnheiten anderer Menschen werden ihnen selbst auch nicht fehlen.

Nimm meine Tipps zu Herzen und versuche schlechte Angewohnheiten zu minimieren und gute Routinen zu forcieren. Stelle für dich fest, welche Tätigkeit dich leicht in den Flow bringt, und übe diese so häufig wie möglich aus. Steigere deinen Dopaminspiegel stets langsam und genieße dieses Glücksgefühl somit mehr und länger.

Setze Musik gezielt dort ein, wo sie dich weiterbringt, und lasse sie dann weg, wenn sie dich stört.

Verlasse öfters deine Komfortzone! Da das leichter gesagt als getan ist, mache es in kleinen Schritten.

Doch der wichtigste Punkt für mehr Flow im Leben ist der, dass du merkst, was dich ablenkt. Achte auf deine Zeitfresser! Was lenkt dich beim kleinen Flow ab und was stört die große Erfolgswelle?

Findest du das heraus und stellst die Ablenkungen ab, so wirst du ab sofort mehr Flow im Leben haben. Dann kann dieses Buch dein Leben nachhaltig positiv verändern. Dann ist dein neues Lebensmotto: „Go with the Flow".

Quellen

Literatur

Gehirnwellen
Anna Wise: AwakenedMind°Training: Ein Hirnwellen-Trainings-programm: Ein Praxisbuch für Kreativität, Gesundheit und Erfolg (2017). ViaNova Verlag

Gesichter lesen
Anita Horn-Lingk: Einstieg in die Psycho-Physiognomik (2015). vertraudich Verlag

Flow
Mihály Csíkszentmihályi: Flow. Das Geheimnis des Glücks (2017). Klett-Cotta

Initialzündung und Mindset
Dieter Lange: Sieger erkennt man am Start - Verlierer auch (2022). Eon
Christian Busch: Erfolgsfaktor Zufall: Wie wir Ungewissheit und un-erwartete Ereignisse für uns nutzen können (2023). Murmann Pu-blisher

Denkfehler
Daniel Kahnemann: Schnelles Denken, langsames Denken (2016). Penguin Verlag
Hans Rosling: Factfullness (2019). Ullstein
Dan Ariely: Denken hilft zwar, nützt aber nichts. Warum wir immer wieder unvernünftige Entscheidungen treffen (2015). Droemer
Nassim Nicholas Taleb: Der Schwarze Schwan: Die Macht höchst

unwahrscheinlicher Ereignisse (2018). Pantheon Verlag

Routinen
James Clear: Die 1 % Methode (2020).
Wilhelm Goldman Verlag
James Clear: Atomic Habits (2019). Penguin Publishing Group
Dr. Anne Fleck: Energy! In 5 Minuten (2021). Dtv Verlag

Dopamin
James Clear: Atomic Habits (2019). Penguin Publishing Group

Unterbewusstsein
Joseph Murphy: Die Macht des Unterbewusstseins (2016). Ariston Verlag
Daniel Kahnemann: Schnelles Denken, langsames Denken (2016). Penguin Verlag
Anna Wise: AwakenedMind®Training: Ein Hirnwellen-Trainingsprogramm: Ein Praxisbuch für Kreativität, Gesundheit und Erfolg (2017). ViaNova Verlag

Kurzbeschreibungen zu der Literatur sind unter www.books-better-life.com zu finden.

Seminare

Udo Gaedeke – Scanrading, sowie Physiognomie

Grafiken
Fotos: Marian Sommer
Grafikerstellung:
Melanie Hauke: www.melaniehauke.de

Haftungsausschluss:
Ich über nehme keine Haftung für Inhalte externer Links, Webseiten oder aufgeführter Literatur.

Der Autor

 Marian Sommer, Jahrgang 1980, hat Volkswirtschaftslehre an der Technischen Universität Chemnitz studiert. Seine Diplomarbeit beschäftigte sich unter anderem mit Börsenpsychologie.

Sein großes Interesse für psychologische Themen und menschliche Verhaltensweisen an der Börse haben ihn veranlasst, neben Börsenliteratur auch Bücher über Selbstverbesserung zu schreiben.

Unter dem Label „Mariso-Akademie" hat er auch die Bücher „Das Einmaleins der Börse für Einsteiger", „Börsenfilme verstehen" und „Das Einmaleins der Hebelzertifikate, CFDs und Optionsscheine für Einsteiger" veröffentlicht.